– Daniel Gabarró i Nieves Machín –

21 creences que ens amarguen la vida

...i com superar-les per viure més feliç

BOIRA EDITORIAL

Traducció al català: Isabel Casadevall – *isabel@tractradu.com*
Disseny: Jorge Herreros – *hola@jorgeherreros.com*

www.boiraeditorial.com
info@boiraeditorial.com

Primera edició: novembre de 2016
Segona edició: abril de 2017

Dipòsit legal: L 1496-2016
ISBN: 978-84-16680-10-8

Agraïments

Amb agraïment a les 947 persones que van llegir la versió original abans de publicar-la i van aportar propostes de millora. Va ser una ajuda útil i bonica. Gràcies.

També estem agraïts al Gimnàs de Lleida *Ekke* i, en especial, al Pep i al Joan David, que van demanar al Daniel Gabarró una conferència sobre els límits mentals. I aquesta va ser la llavor d'aquest llibre.

I, per descomptat, amb agraïment a Gerardo Schmedling Torres per la seva immensa saviesa i el molt que ens ha transmès. Gràcies.

Sobre els autors

Daniel Gabarró acompanya i transforma positivament la vida de les persones i organitzacions a través de cursos i conferències.

El seu campus ***campus.danielgabarro.com*** és visitat anualment per milers de persones.

És col·laborador habitual del programa *L'ofici de viure* i *L'ofici d'educar* de Catalunya Ràdio, així com d'altres mitjans. També és autor de diversos llibres d'autoconeixement, ètica i empresa, i de diversos materials educatius.

Algunes persones el defineixen com a Sherpa espiritual perquè acompanya de la mà les persones que volen descobrir la seva essència. Està compromès amb la veritat, l'amor i la saviesa.

Més informacio a ***danielgabarro.cat***

La missió de la **Nieves Machín** és intentar aplicar i estendre la informació de saviesa que ha adquirit al llarg de la seva vida, en especial la informació de Gerardo Schmedling Torres, de qui ha transcrit, al llarg de cinc anys, més de 500 hores d'àudio dels seus cursos.

Encara que treballa laboralment a la Universitat Politècnica de Madrid, es defineix a si mateixa com a Acceptòloga, és a dir, com una persona que estudia i practica la ciència de l'Acceptologia, a través de la qual qualsevol esdeveniment passat, present o futur segueix un pla que el fa perfecte per a la persona que el viu.

Sempre convida a practicar i verificar la informació de saviesa que transmet.

Nota important

Al llarg d'aquest llibre intentem expressar-nos amb un llenguatge no sexista, però de vegades hem optat pel masculí genèric per facilitar la lectura del text. Si es podia fer millor en aquest i en altres aspectes, demanem disculpes i esperem continuar aprenent per incorporar aquests aprenentatges en futurs llibres.

Índex

Introducció

Primer bloc de creences falses: sobre tu

Segon bloc de creences falses: sobre el món i la realitat

Tercer bloc de creences falses: sobre la bondat i l'amor

Quart bloc de creences falses: sobre la lluita del bé contra el mal

Introducció

Quines etapes travessem en el nostre creixement personal?

És llei de vida que tot evolucioni. La nostra intenció en escriure aquest llibre és ajudar-te que aquest procés d'evolució sigui joiós.

Tota experiència de **vida és un camí de creixement i d'aprenentatge** que, quan s'integra... ja no hi ha marxa enrere! És a dir, quan ja has après a caminar, no cal que gategis. Cada nou aprenentatge implica transcendir l'anterior i desfer-te del que ja no t'és útil.

Hi ha tres etapes principals en l'evolució de l'ésser humà.

En la **primera etapa**, som **innocents** i estem mancats totalment d'informació. És l'etapa inicial infantil i correspon als nostres primers mesos de vida.

En la **segona etapa**, ens anem omplint d'informació. Molt sovint, aquesta és confusa i falsa, i altres vegades és certa però la interpretem d'una manera errònia perquè no comprenem el seu veritable significat. Som **ignorants** i sovint el resultat és patiment.

En l'**última etapa**, verifiquem i integrem tota la informació i només mantenim en el nostre interior informació de **saviesa.** D'aquesta manera, la nostra vida s'omple de comprensió, respecte i harmonia.

El pas de la segona etapa a la tercera es fa a través d'una sèrie de comprensions profundes. Esperem que, després de la lectura i de la realització dels exercicis que et proposem en aquest llibre, et resulti més senzill i viable fer aquest pas.

Tot i així, per resumir el procés al punt més fonamental, et podem dir que la clau és **deixar de guiar-se per les emocions i els sentiments de l'ego, i començar a guiar-se per l'amor**; és a dir, que la teva decisió de ser feliç i buscar el màxim bé per a totes les persones, al marge de com siguin, lideri la teva vida. Això no es pot fer sense haver **comprès**, prèviament, el veritable significat de l'amor. **L'amor neix de la comprensió i no es pot forçar**.

En aquest sentit, et proposem una evolució en la teva comprensió que t'animi a deixar enrere les creences i els desitjos, inclòs el desig de ser qualificat de bo o de bona, per relacionar-te des d'una saviesa que hagis verificat i que et doni accés a una vida plena de felicitat, pau i amor.

Per què patim?

Moltes idees, socialment acceptades, són falses. Quan són falses ens confonen. La confusió i els errors que generen, ens fan patir. Per aquest motiu, si vols gaudir de la vida, cal que comencis a tenir una nova visió que et permeti relacionar-te sàviament amb la realitat. Tal com es diu: *Si busques resultats diferents, no facis sempre el mateix.*

En aquest llibre t'oferim informacions de saviesa que contradiuen la visió social.

Cadascú i cadascuna de nosaltres interpretem els missatges que ens arriben en funció de les nostres creences. **Destapar aquestes creences limitants i canviar-les per informació de saviesa que ens ajudi a viure en pau amb nosaltres mateixos/es és un repte meravellós.**

El patiment és el resultat de l'absència de saviesa, que és l'única cosa que cal guanyar-se, la resta vindrà per si sola. Quan arribis a un estat en què no pateixis davant de res, voldrà dir que estàs mirant la vida des d'una veritable comprensió i serà quan sorgirà el veritable amor. Amb aquestes pàgines, esperem facilitar-te aquest procés.

No et creguis a cegues les informacions que et donem, verifica-les. Quan les comprovis, les integraràs. Creure no serveix de res. Verificar és la porta cap a la saviesa i la veritable llibertat.

Tanmateix, no maleeixis les informacions falses que et van transmetre, ni guardis rancor a les persones que te les van comunicar. Les falsedats no estan per casualitat a les nostres ments. Són necessàries per descobrir la veritat. Gràcies a l'error, tenim l'oportunitat d'aprendre. D'altra banda, les persones que et van transmetre aquestes informacions ni tan sols sabien que eren falses i van actuar des de la ignorància.

Què necessitem per viure amb plenitud?

La ment és molt poderosa. Mentre estigui poblada d'idees errònies, dirigirà desencertadament la nostra vida i ens generarà patiment. **Reeducar la ment** és la clau: aquest llibre pretén oferir-te el suport necessari per fer-ho.

Per viure amb plenitud, hi ha tres passos a fer:

1. **Informació de saviesa**

2. **Gestionar l'energia perquè sempre en tinguem prou**

3. **Entrenament: practicar fins a integrar la informació de saviesa.**

1.

És precisament en l'instant en què decideixes buscar INFORMACIÓ per millorar la teva vida quan inicies el procés de sanació del cos, de la ment, de les relacions, de les famílies, de la societat... La informació sempre està disponible per a aquell o aquella que està disposada a aprendre, amb la qual cosa, si tu estàs llegint aquestes pàgines vol dir que tens la ment oberta i ets una persona que està disposada a gaudir de la vida sense patir.

Se sol dir que *quan el deixeble està preparat, apareix el mestre*. Això vol dir que la informació de saviesa sempre està disponible per a qui la busca. Naturalment, la comprensió serà gradual i hi accediràs en el moment oportú per a tu.

Però, sisplau, no et creguis res del que llegeixis en aquestes pàgines, només **verifica aquesta informació** i comprova'n l'autenticitat, comprova si quan ho apliques veus més bons resultats a la teva vida: en l'àmbit de les relacions, la salut, els recursos i l'adaptació al medi. No donis per certa cap informació llevat que l'hagis verificat. Sabràs que estàs en el camí adequat quan tinguis **més pau interior i més harmonia externa**.

Tot el que s'ensenya és un concepte.
Tot el que s'aprèn és una creença.
Tot el que es verifica és saviesa.
Tot el que es comprèn és amor.

T'invitem a "tastar" el que surti d'aquestes pàgines, i que assaboreixis el goig de descobrir la Veritat i de treure't el "pes" del que ja no t'és útil per viure en plenitud. No carreguis a la teva vida cap llast innecessari, allibera't de tot allò en el que has cregut tota la vida, però que no funciona i et fa patir.

2.

Per poder integrar i comprendre les informacions de saviesa, has de **mantenir l'ENERGIA alta.** Un cotxe, si té el dipòsit buit, no arrenca. Nosaltres tampoc no podem anar gaire lluny si no mantenim l'energia interna elevada.

L'energia és clau per aprendre. Sense energia no pots gestionar els coneixements que has adquirit. Per elevar l'energia és recomanable: dormir prou, fer algun tipus d'esport, estar en contacte amb la natura, cuidar l'alimentació, practicar el silenci o la meditació, escoltar-te, recordar els teus valors, etc.

Tanmateix, la fuga més gran d'energia es produeix quan tenim un disgust emocional. No regalis la teva energia vital: no acceptis a la teva ment **cap pensament de patiment**. Aquest llibre et serà útil per deixar de tenir fugues energètiques emocionals importants. També et proposa canviar la visió de la teva vida, cosa que et farà més estable energèticament.

Aleshores entraràs en un cercle virtuós, ja que tot està relacionat i una cosa porta a l'altra: la comprensió genera pau interior, la pau interior genera energia vital i l'energia vital activa la comprensió.

3.

Qualsevol hàbit nou requereix un **temps d'ENTRENAMENT** o **PRÀCTICA** fins que el tinguis integrat a la teva vida.

Per aquest motiu, en aquest llibre et proposem **exercicis d'entrenament molt concrets** i pràctics que te'n facilitaran la integració. Et demanem que no te'ls saltis. Fes-los. **Sense pràctica no pots transformar la teva vida.** De fet, creiem tant en la necessitat de practicar, que volem obrir un curs en línia per donar-te suport en aquest procés. Si t'interessa, no dubtis a consultar aquest últim punt que es publicarà a la pàgina web d'en Daniel Gabarró: *danielgabarro.cat*.

Encara que la mateixa vida et va posant proves per veure si realment has comprès la informació de saviesa, el més assenyat és entrenar-se conscientment per poder superar sense dificultat les proves de la vida quan arribin. Aquest llibre et vol facilitar que et puguis entrenar.

Sabem que costa d'admetre el fet de poder viure sense patir perquè sembla impossible, però de mica en mica aniràs veient que coses que abans et feien patir, ara ja no. Això t'engrescarà a continuar practicant aquesta nova manera de pensar.

Primer bloc de creences falses

Sobre tu

1a Creença Falsa

No siguis egoista: pensa en els altres!

"La persona més important que hi ha a la teva vida ets tu"

– Gerardo Schmedling Torres –

Què ens va portar a creure en aquest error?

Durant la infància ens van dir que pensar primer en nosaltres era egoisme, falta d'amor i de solidaritat. Ens van transmetre la idea: *"si penses abans en tu ets mala persona, primer són els altres"*. I, a més, això ens ho van dir persones molt influents en les nostres vides, com ara els nostres pares, germans o germanes grans, mestres...

Ens van amenaçar amb la idea que ens quedaríem sols si pensàvem abans en nosaltres. També ens deien que les persones que s'anteposaven als altres no tenien cor, eren indiferents, indesitjables, els faltava empatia... Ho vam sentir tantes vegades que se'ns va quedar gravat.

I algunes mares i alguns pares, amb el seu exemple, sovint posaven per davant dels seus propis desitjos als dels seus fills. Vam aprendre del seu model educatiu que el que era correcte era posar per davant les necessitats alienes a les pròpies.

Creure en això ens fa patir perquè:

Si creiem que pensar en nosaltres és egoisme, tindrem una autoestima baixa, és a dir, la incapacitat de valorar-nos. I si no tenim la capacitat de valorar-nos, ni d'estimar-nos, tampoc tindrem la capacitat de rebre perquè, d'una manera inconscient, creurem que no ens mereixem res.

Quan no pensem en nosaltres no ens escoltem i no captem les nostres necessitats.

Com que ens sentim obligat a posar-nos en segon lloc, comencem a portar la comptabilitat de tots els sacrificis que fem pels altres, i si la quantitat de vegades que ens sacrifiquem pels altres no coincideix amb la quantitat de vegades que els altres se sacrifiquen per nosaltres, comencem a sentir malestar i insatisfacció perquè ens "deuen alguna cosa" que no ens donen.

Mentre pensem així, és inevitable patir. **Tota creença que no ens aporti pau interior i harmonia externa s'hauria de revisar**.

Quina informació de saviesa pot substituir aquesta creença falsa?

L'actitud de saviesa és que et cuidis per compartir, perquè en cas contrari, **no pots donar el que no tens** i comparteixes "malestars" en lloc de "benestars".

Pensar en tu no és egoisme, pensar en tu és **autoestima, autovaloració**, és escoltar-te i respectar-te, i acceptar-te com ets. No pots donar el que no tens; llavors, si no tens amor per a tu, com pots donar amor als altres?

Autoestima significa ser feliç per tu mateixa, per tu mateix, i saber que pots ser feliç amb els altres si els acceptes com són.

El veritable **egoisme** és voler **que l'altre faci el que no vol fer**, perquè tu penses que és el millor. Forçar una altra persona a fer el que no vol, això sí que és ser egoista, perquè no la respectes i pretens prendre-li la llibertat. En canvi, que tu facis una cosa que sí que vols fer no impedeix els altres fer el que ells o elles vulguin.

L'egoisme consisteix a no acceptar els altres com són. Pretendre canviar l'altre dient-li: *"Tu et comportes malament, això es fa com jo dic"*, és una conducta egoista disfressada d'amor, basada en una interpretació subjectiva del que està malament, que deriva en una falta d'acceptació de l'altre. El raonament savi seria dir: ***"què necessito canviar en mi per poder-te acceptar?"***

Egoisme és no estimar-se un mateix i lamentar-se constantment del que no tens o no fas perquè et sacrifiques o t'has sacrificat pels altres. Aleshores et converteixes en una "càrrega" per als qui t'envolten.

Tens la responsabilitat de cuidar-te, d'escoltar les teves necessitats i buscar la forma més sàvia de viure. Això implica posar-te en el centre de la teva vida i deixar de pensar que no és correcte fer-ho. Al contrari, oblidar-te de tu, desatendre les teves pròpies necessitats sí que seria erroni i et portaria a patir.

Cuidar-te és imprescindible: **només tu pots** respirar per tu, menjar per tu, pensar per tu... i, en definitiva, **viure per tu**. De la mateixa manera, només els altres poden viure per ells. Importa molt més el que tu penses de tu que el que pensin els altres de tu.

Com pots verificar el que acabem de dir?

A la natura hi ha cicles en els quals es dóna i es rep, i tothom ha d'acceptar rebre per poder continuar donant, en perfecte equilibri. Escolta les teves necessitats. Per exemple, si només t'ocupes del benestar econòmic dels altres i no del teu, acabaràs com un hort que no s'adoba, no es rega, no es cuida... sense recursos per mantenir-te. Com més tinguis, més podràs compartir. Això passa en l'àmbit econòmic i en tots els àmbits. Verifica-ho.

Quan fas el que vols i permets que els altres també facin el que vulguin, no consideres que estiguin en deute amb tu, et sents lliure, en pau i feliç. En canvi, si ho fas al revés, comprovaràs que, si fas el que volen els altres, t'enfadaràs amb ells si no es compleixen les teves expectatives. Verifica-ho.

Comprova que si fas cas de les opinions dels altres en lloc de seguir les teves, patiràs. Per exemple, si deixes la teva parella perquè a la teva família no li agrada, seràs feliç? Verifica-ho.

Propostes d'entrenament

1. Ningú no pot saber quan tens son, quan tens set, quan tens gana... Escolta les teves necessitats i cobreix-les. Així serà més útil tant per a tu mateix com per als altres.

2. Quan et diguin egoista o tu diguis egoista a algú, observa si li estàs exigint fer alguna cosa que no vol fer.

3. Una eina per entrenar-nos és la reprogramació mental. Repeteix-te aquesta frase quan tinguis dubtes sobre el teu egoisme: ***Només jo puc atendre les meves necessitats, i atendre-les no impedeix que tu atenguis les teves.***

Recorda:

Ets la persona més important de la teva vida

2a Creença Falsa

Si penses que tens raó: no baixis del burro!

"No hi ha res repartit de manera més equitativa que la raó: tothom està convençut que en té suficient"

– René Descartes –

Què ens va portar a creure en aquest error?

Ens van educar perquè creguéssim que els "grans" tenien raó i fins i tot ens la van imposar. Ens van dir que la seva opinió era la més lògica, la veritat. Naturalment, això els obligava a defensar-la, ja que la veritat és un valor molt gran. I estàvem desitjant créixer i fer-nos grans per poder tenir raó.

A més, com podíem no defensar la veritat si el fet de callar ens hauria convertit en còmplices de l'error? Estàvem convençuts que els nostres arguments tindrien el poder de canviar l'opinió dels altres i volíem salvar-los del seu error. Ens van dir que l'important era que els altres entenguessin, així veurien la llum.

En aquestes circumstàncies, qui, amb dos dits de front, abandonaria "la veritat" i baixaria del burro?

Creure en això ens fa patir perquè:

Els pensaments de les altres persones poden coincidir amb els nostres o no, en això no hi tenim cap influència. Si una persona no vol canviar d'opinió, no hi podem fer res. Mentre lluitem per tenir raó, donem el poder als altres i perdem la pau, ens desgastem inútilment. Si deixem que els altres marquin la nostra resposta, ells són, en el fons, qui decideixen la nostra conducta. Quan necessitem defensar la nostra raó d'una manera automàtica, no som lliures, la nostra resposta la dicta l'exterior perquè saltem com una molla quan ens contradiuen.

Sovint, els altres no ens poden creure: literalment tenen una altra visió del món que els impedeix comprendre el que diem. Si hi insistim, la nostra ment es torna rígida, ens perdem l'oportunitat d'ampliar la nostra visió i la mateixa rigidesa es torna patiment.

Finalment, acabem prioritzant la nostra raó en lloc de cuidar les altres persones. Moltes vegades, això ens porta a espatllar les relacions. Si bé a la primera creença vam dir que pensar en un mateix és el més important, això no implica que no haguem de respectar els altres, sense agredir-los, intentant imposar la nostra raó.

Mentre pensem així, és inevitable patir. **Tota creença que no ens aporti pau interior i harmonia externa s'hauria de revisar.**

Quina informació de saviesa pot substituir aquesta creença falsa?

L'actitud de saviesa és **compartir la teva opinió** amb altres persones, sense obligar-les que hi estiguin d'acord, i desitjar entendre el punt de vista dels altres. Quan dialoguem ens enriquim. Cada vegada que hi ha un conflicte et tornes més savi i amb més comprensió si intentes comprendre sense lluitar, si no t'entestes a tenir raó. D'aquesta manera, és inevitable que la teva vida s'ompli de saviesa i d'amor.

A més, quan **respectes l'opinió dels altres**, generes relacions harmòniques i desenvolupes valors com l'empatia, la flexibilitat mental i la convivència pacífica.

L'actitud de saviesa és no creure que la teva opinió és la veritat, sinó que és només la teva opinió. La veritat és allò que comprens quan renuncies a tenir raó, és la comprensió profunda del valor que existeix en tots els éssers humans. Que algú no accepti la teva opinió o que hi estigui en contra, no vol dir pas que no t'accepti com a individu. **Ets al marge de les teves idees**.

Quan comprenguis alguna cosa, et sentiràs lliure i en pau. **Mentre lluitis per les teves idees, continues sent esclau de la teva opinió**. Renuncia a demostrar que tens raó i també a discutir. No lluitar per defensar allò que creus que és cert no t'impedeix comprendre el punt de vista dels altres.

En definitiva, si deixes d'imposar "la teva raó" sortiràs guanyant en tots els sentits: guanyaràs pau interior, harmonia, comprensió, flexibilitat mental, saviesa...

Com pots verificar el que acabem de dir?

Comprova com el teu cos es tensa i et sents pitjor quan intentes imposar la teva raó. Observa com es relaxa i com et sents més bé quan vols comprendre. Què prefereixes? Verifica-ho.

Quan no entens les persones amb les quals et relaciones i intentes forçar-les perquè pensin o vegin les coses com tu, la relació es deteriora. Verifica-ho.

Comprova que quan no escoltes els altres (el teu superior, els teus clients, els teus proveïdors), els problemes no triguen gaire a aparèixer. En canvi, si ets capaç de comprendre'ls i ser-los útil, la porta de l'abundància s'obre. Verifica-ho.

Propostes d'entrenament

1. Comprova que guanyes pau i milloren les teves relacions quan respectes l'opinió de l'altra persona, sense forçar-la a defensar-la. Practica-ho tant com puguis per incrementar la teva pau.

2. Quan algú es posi nerviós o s'enfadi amb tu per defensar la seva opinió, et proposem que utilitzis una comunicació respectuosa i calmada, acompanyada d'un somriure.

3. Reprogramació mental. Quan tinguis ganes d'imposar la teva raó, repeteix-te: ***Mantenir la meva pau interior i les meves relacions harmonioses és més important que tenir raó.***

Recorda:

Renuncia a tenir raó i hi sortiràs guanyant

3a Creença Falsa

Seràs lliure quan facis el que vulguis!

"La llibertat consisteix a ser els amos de la nostra pròpia vida"

– Plató –

Què ens va portar a creure en aquest error?

Ens van educar en la contradicció d'estar obligats a obeir i, alhora, a voler fer el que ens donés la gana.

Durant la infantesa, ens van obligar a obeir i ens castigaven si no ho fèiem. Ens van donar a entendre que la llibertat era externa i que la conqueriríem quan fóssim adults, llavors sí que podríem fer el que volguéssim.

Ens van dir que fer el que ens ve de gust és ser lliure i no fer-ho és ser submís i desaprofitar la vida.

També ens van vendre el somni que quan fóssim lliures, no tindríem dificultats.

Creure en això ens fa patir perquè:

Quan actuem a partir del que sentim, som esclaus dels nostres sentiments, ja que aquests van canviant al marge de la nostra voluntat. Com pretenem ser lliures seguint una cosa que no dominem? Serem com una banderola dominada pels sentiments.

A més, al món, en nom d'una hipotètica llibertat, hi ha normes i lleis que hem de complir si no volem patir les conseqüències desagradables que representaria no respectar-les o ignorar-les.

D'altra banda, moltes vegades el que volem no és el que ens convé i, seguint el fals principi de llibertat, ens perjudiquem sense adonar-nos-en.

Creure en una independència absoluta del que és extern és un impossible: necessitem aliments, un lloc físic on viure, etc.

Mentre pensem així, és inevitable patir. **Tota creença que no ens aporti pau interior i harmonia externa s'hauria de revisar.**

Quina informació de saviesa pot substituir aquesta creença falsa?

El primer obstacle rau en el concepte de llibertat. Cal matisar que té un significat molt diferent de la idea que ens ha volgut vendre la societat. Llibertat no és fer el que es vol, quan es vol, on es vol i amb qui es vol. **Llibertat** és independència emocional i cognitiva, és capacitat de decidir sense necessitat d'aprovació, és fer-se càrrec del que un o una vol ser i fer.

L'actitud de saviesa és comprometre't amb el que vols fer i fer-ho, encara que de vegades no et vingui de gust. Perquè només seràs lliure quan siguis capaç de fer allò que has decidit i sostenir aquesta decisió al marge de les dificultats. Per exemple, ets lliure quan, després de decidir estudiar una carrera, i malgrat el dia assolellat i les ganes que tens d'anar a la platja, vas a classe el primer dia de curs.

La veritable llibertat és interna, és a dir, que l'exterior no afecti la teva felicitat. Per tant, una persona lliure mai no se sent obligada, fa allò amb el que s'ha compromès i ho fa de gust. Ets lliure per escollir el que vols fer, però no pots evitar els resultats del que has escollit.

En aquest sentit, tu **tens la llibertat d'escollir, assumint els resultats de les teves accions**. Quan et responsabilitzes de la teva vida, sempre ets lliure: tu portes el timó.

Com pots verificar el que acabem de dir?

Perquè verifiquis que el que vols no sempre et convé i, en el fons, coarta la teva llibertat, t'animem a quedar-te, fins ben entrada la matinada, en una festa amb uns amics i els teus fills, encara que l'endemà calgui llevar-se d'hora per anar a treballar (els adults) i a l'escola (els infants). Comprova les conseqüències de creure que ser lliure és fer el que vulguis. Verifica-ho.

Comprova els resultats de menjar alguna cosa que et vingui de gust, sabent que n'ets al·lèrgica o intolerant. Verifica-ho mentalment recordant situacions anteriors en què ho has fet.

Quan hagis quedat amb algú i no tinguis ganes d'anar-hi, no hi vagis, ni tan sols l'avisis, ja que ets lliure i no tens per què donar explicacions. Comprova si milloren les teves relacions aplicant aquesta idea de llibertat. Verifica-ho.

Propostes d'entrenament

1. Decideix fer una cosa que t'importi molt i que alhora et costi, com ara "mai no cridaré al meu fill", "mai no li faltaré el respecte a la persona que estimo", etc. Quan les coses es posin difícils, voldràs fer el contrari per desfogar-te. En aquell moment, sigues conscient i aplicar el que has decidit. Estaràs practicant la teva llibertat, encara que facis el contrari del que vols.

2. Localitza una persona en el teu entorn amb qui et costa relacionar-te. Quan es mostri antipàtica, recorda: **"Tothom té dret a equivocar-se"**. Quan mantinguis la pau malgrat la seva antipatia, seràs lliure. Si vols, ajuda't relaxant el cos amb una respiració lenta i profunda.

3. Reprogramació mental. Repeteix-te: ***Seré lliure quan la meva pau interior no depengui de l'exterior***.

Recorda:

Seràs lliure quan assumeixis conscientment el resultat de les teves decisions

4a Creença Falsa

Si no t'agrada el que sents: canvia-ho!

"Cap foc continua cremant si apaguem el seu focus i ningú apaga el seu focus sense haver vist el foc"

– Daniel Gabarró, Nieves Machín i Neus Montserrat –

Què ens va portar a creure en aquest error?

Ens van dir que els sentiments i les emocions desagradables eren nocius i que calia "treure-se'ls de sobre". Tanmateix, la seva aparició és inevitable davant d'alguns fets: la mort d'un ésser estimat, desamor... i així ens passem la vida intentant canviar el que sentim, sense buscar ni qüestionar la seva procedència. Però ningú no pot canviar una conseqüència si no transforma la causa. No pots arreglar una fuita d'aigua en una canonada si no repares la canonada i només intentes posar-hi draps o una galleda que reculli l'aigua que va vessant.

Confonem alegria amb felicitat, tristor o plor amb infelicitat... i això ens porta a ignorar el veritable significat de la felicitat. Ens limitem a lluitar contra els sentiments que no ens agraden, en lloc de descobrir el que ens els produeix o d'investigar el que ens condueix a ser feliços.

Creure en això ens fa patir perquè:

Quan estem immersos en els sentiments, sense eines per gestionar-los, incapaços de veure'n l'origen, se'ns ennuvola la ment, no podem pensar amb claredat i deformem la realitat.

Acabem creient que l'exterior produeix inevitablement el que sentim i llavors és impossible viure d'una manera diferent. Mentre continuem creient frases o idees com *"el meu pare em posa malalt"* o *"El Joan m'alegra el dia amb el seu bon humor"*, serem dependents del "meu pare", del Joan i de totes aquelles persones que considerem que ens molesten o que necessitem.

Si no anem a l'origen dels sentiments, és impossible transformar-los. A més, perdem l'oportunitat d'aprendre el que ens ensenyen, amb la qual cosa, cometem errors idèntics una vegada i una altra, i quedem atrapats contínuament en els mateixos sentiments.

Mentre pensem així, és inevitable patir. **Tota creença que no ens aporti pau interior i harmonia externa s'hauria de revisar**.

Quina informació de saviesa pot substituir aquesta creença falsa?

L'actitud de saviesa és observar els sentiments per descobrir i transcendir les idees errònies que els produeixen i, d'aquesta manera, transformar el que sents. Els sentiments et permeten coneixe't i t'ajuden a descobrir les teves limitacions mentals.

L'actitud de saviesa és buscar l'origen dels sentiments, el qual es troba en el teu sistema de creences. Jutges la realitat i, quan ho fas, es genera un sentiment agradable si el judici el consideres conforme als teus valors, o desagradable si el resultat és contrari a la teva visió del món. **No penses com sents, sinó que sents com penses. Els teus pensaments no són un reflex dels teus sentiments, sinó al contrari**.

Les **emocions** són automàtiques i d'origen instintiu o biològic, no depenen de la ment. Es desperten en situacions de defensa, de supervivència o de compatibilitat; per això, poden ser desagradables, com ara la por o el rebuig davant d'un perill, o bé agradables, com alegria davant d'una oportunitat. Les emocions es gestionen acceptant el que sents, però decidint conscientment el que fas de manera que no generin conflicte.

En canvi, els **sentiments** són d'origen mental, depenen del teu sistema de creences. Per això els pensaments poden generar sentiments agradables o desagradables. Qualsevol sentiment és sempre positiu, ja que sempre el pots utilitzar per coneixe't millor i relacionar-te sàviament amb la realitat. Els sentiments es gestionen buscant el pensament que els origina i transformant-los amb informació de saviesa i amb entrenament adequat.

Convé aclarir la diferència que hi ha entre l'**acceptació** i la resignació. En l'acceptació desapareix el malestar perquè s'origina en una comprensió profunda. En canvi, en la **resignació** patim perquè encara no **hem comprès**.

Com pots verificar el que acabem de dir?

Si creus que el paper que tens entre mans és una butlleta premiada de la loteria, els teus sentiments es dispararan en conseqüència. Si, per contra, penses que el paper és una multa de trànsit, també els teus **sentiments** brollaran de seguida. Per tant, els teus sentiments depenen del que pensis, de la interpretació que facis de la realitat, són **"senti-mentals"**. Verifica-ho.

Ara verificarem que les emocions són instintives. ¿Pots comprovar que hi ha persones que t'atrauen sexoafectivament, mentre unes altres, no? Pots comprovar com aquesta atracció es produeix sense la intervenció de la teva voluntat? Verifica-ho.

Si no t'agrada una persona, se't despertaran sentiments d'acord amb això. Quan descobreixis la seva part valuosa, els teus sentiments canviaran necessàriament. Verifica-ho.

Propostes d'entrenament

1. Quan t'envaeixi un sentiment desagradable, no reaccionis immediatament, pren-te un temps i escolta'l, pregunta't què estàs pensant que et fa sentir d'aquesta manera. Una vegada tinguis la resposta, busca

què necessiten el teu cos i la teva ment. Els ho pots intentar oferir, veuràs que moltes vegades una actitud comprensiva i amorosa cap a tu mateix/a serà suficient.

2. Quan una persona et desperti sensacions desagradables, no et centris en aquestes sensacions, sinó en les virtuts que també té. Pot ser antipàtica, però té caràcter; pot ser ruda, però sap estar sola. T'estaràs entrenant.

3. 3. Reprogramació mental. Repeteix-te: ***La funció dels sentiments desagradables és indicar-me el que encara no he acceptat.***

Recorda:

L'origen dels teus sentiments està en els teus pensaments

5a Creença Falsa

Tu em fas feliç

"La meva felicitat només depèn de mi"

– Gerardo Schmedling Torres –

Què ens va portar a creure en aquest error?

De petits ens van explicar molts contes sobre la creença que alguna cosa exterior ens faria feliços: un príncep, la victòria en una batalla, conquerir un regne, un palau, una joguina, un cotxe, guanyar un campionat de futbol, tenir parella...

Amb el mite del príncep blau, vam creure que érem taronges incompletes i que necessitàvem trobar la nostra ànima bessona, algú que ens fes realment feliços i felices.

Ens van dir que la felicitat ens la donen els altres, per tant, ells tenen l'obligació de donar-me el que vull. I, lògicament, vam comprendre que era una desgràcia viure sol o sola, sense parella i amb el malnom de "solterons" i "solterones".

Vam començar un camí interminable per exigir als altres que ens donessin la felicitat, perquè ens fessin creure que nosaltres no podíem ser feliços per nosaltres mateixos. I en aquesta línia, esperem que l'exterior ens faci feliços i felices: la parella, els amics, la feina, les coses materials, els diners...

Creure en això ens fa patir perquè:

Ens creem expectatives de l'exterior que són impossibles de complir, ja que no sempre coincideix el que nosaltres esperem de la vida amb el que rebem.

Però, a causa d'aquestes expectatives, no deixem d'exigir, i fins i tot maltractem les persones amb la intenció d'aconseguir alguna cosa a la qual creiem que hi tenim dret. Les culpem si no ho obtenim.

Ens sentim persones insignificants, són els altres els que tenen quelcom valuós: la clau de la felicitat. Ells sí que valen, nosaltres, no. Quan la persona en qui hem dipositat el poder de fer-nos feliços no ho aconsegueix, ho interpretem com que "no som suficient" o "no ens estimen prou".

El nostre estat d'ànim dependrà sempre de l'altra persona, del que els altres facin o deixin de fer, del que diguin o deixin de dir. Continuarem patint perquè no gestionarem la nostra pròpia vida i no serem capaços de ser feliços per nosaltres mateixos.

Mentre pensem així, és inevitable patir. **Tota creença que no ens aporti pau interior i harmonia externa s'hauria de revisar.**

Quina informació de saviesa pot substituir aquesta creença falsa?

L'actitud de saviesa és que tu et facis feliç a tu mateix, a tu mateixa. No culpis a ningú perquè no et fa feliç, perquè **ser feliç només depèn de tu.**

Tu decideixes si ets feliç o si pateixes davant d'una situació, persona o lloc. Prometre't a tu mateix/a conèixer les eines de la felicitat és una cosa que et portarà a deixar de patir. En canvi, pretendre que la realitat s'adapti als teus desitjos serà errar.

No cedeixis el teu poder a ningú, tu ets responsable de la teva felicitat perquè **només tu ets responsable del que penses**. Pren el compromís de ser savi, de ser sàvia, per arribar a ser feliç.

Potser no totes les experiències de vida són igual de fàcils, però com no abracis la teva amb saviesa, els resultats que n'obtindràs no seran satisfactoris. **No vius la vida de l'altre, només la teva i de tu depèn com viure-la.**

Com pots verificar el que acabem de dir?

A tu et fa feliç que et portin l'esmorzar al llit, que et facin el dinar i el sopar, però la teva parella o els teus pares no ho fan. Comprova el que passa amb la teva salut si continues esperant cada dia que els altres et facin feliç i, mentrestant, no menges res. Verifica-ho.

Si treballes en una empresa que atén el públic i entra una persona cridant i exigint, tu decideixes si alterar-te i enfadar-te davant d'aquesta situació o bé continuar sent feliç. Comprova que tu tens la capacitat d'escollir si identificar-te o no amb l'estat emocional de l'altra persona. Verifica-ho.

Un amic et convida a dinar a un restaurant, però arriba l'hora i no es presenta. Li truques per telèfon i et diu que se n'havia oblidat, i que li és impossible arribar perquè està molt lluny del lloc on havíeu quedat. Tens dues opcions:

- pots comprendre la situació de l'altra persona i aprendre'n per evitar que es torni a produir,

- o pots patir, queixar-te, jutjar-lo, criticar-lo i omplir-te de malestar.

Podràs comprovar que optar per una cosa o una altra depèn de tu, no del que faci l'altre. Tu pots escollir què fer amb aquest temps lliure que t'acaba de sorgir inesperadament, potser al costat hi ha una llibreria desconeguda que t'aporti noves experiències. Verifica-ho.

Propostes d'entrenament

1. Parla't, sent-te't, pensa't amb tendresa i comprova com resulta més fàcil mantenir la teva felicitat. Pren el compromís de fer-ho. Quan et cridis i et maltractis a tu mateix/a, fes callar la teva veu interior, només tu ho pots fer. Pot ser que et costi, però t'estaràs entrenant i, en algun moment, ho aconseguiràs.

2. Quan algú del teu entorn estigui trist, dóna-li suport, però no t'uneixis mai a la seva tristor. Comprovaràs que

així ajudaràs més i que tu ets el responsable de mantenir la teva felicitat interior.

3. Un exercici molt sa és que et miris al mirall al matí i et diguis: ***Jo sóc la persona més important de la meva vida i em comprometo a fer-me feliç.***

Recorda:

Només jo em puc fer feliç

6a Creença Falsa

El que has comprat és teu

"Jo no sóc amo de res, res no em pertany"

– Gerardo Schmedling Torres –

Què ens va portar a creure en aquest error?

Ens van dir que era millor comprar una casa que llogar-la perquè així era nostra. Ens van dir que era millor comprar un cotxe que llogar-lo o agafar un taxi o el transport públic perquè així posseíem alguna cosa, tant si ho fèiem servir poc o molt.

Des de petits ens han repetit que si comprem alguna cosa ja és nostra i ningú no ens la pot prendre, encara que després els pares i les mares intentin pal·liar aquest sentit de la possessió dient frases com ara "s'ha de compartir", referint-se a les joguines, per exemple.

Hem crescut en una societat en què ens van fer creure que com més coses tens, més ric ets, i això ens porta a acumular, acumular i acumular coses encara que no les fem servir per res.

També ens van fer creure que els altres ens respectarien i ens valorarien si teníem moltes possessions.

Creure en això ens fa patir perquè:

Estarem tota l'estona preocupant-nos de protegir les nostres coses, gastant-nos uns diners innecessaris, de vegades, en assegurances, cadenats, reixes, vigilància, controls... i ens tornarem esclaus intentant protegir "les nostres coses".

Creure que el que hem comprat és nostre ens fa patir perquè ens fa por que ens ho prenguin i vivim lluitant per defensar "les nostres coses".

Mentre continuem aferrats a aquesta creença, ens sentirem pobres si no tenim les mateixes coses que tenen els altres. En canvi, pobre és aquell que vol tot el que no té i no pot gaudir del que sí que té. És com lluitar per les engrunes quan tot el pa es desaprofita, perquè l'Univers és pura abundància i no hi ha raó per limitar-se a allò que creiem que "posseïm". Si només podem gaudir d'allò que posseïm, gaudirem de molt poquet comparat amb tot el que podem gaudir sense necessitat d'haver-ho comprat (pel que fa a coses) o sense necessitat de posseir-ho (pel que fa a persones).

Si volem tot el que no tenim estarem insatisfets i sempre voldrem més, cosa que ens produirà una gran ansietat.

Mentre pensem així, és inevitable patir. **Tota creença que no ens aporti pau interior i harmonia externa s'hauria de revisar.**

Quina informació de saviesa pot substituir aquesta creença falsa?

L'actitud de saviesa és aprendre a **administrar el que està a la teva disposició, gaudint-ne**, però sabent que no et pertany.

El fet de no sentir-te amo de res, et dóna la llibertat de compartir amb els altres i gaudir-ne.

Pensar que no tens coses, sinó que només les administres mentre estan a la teva vida, et permet **desaferrar-te'n** i no patir quan ja no es troben a la teva disposició.

Com pots verificar el que acabem de dir?

Si tu compres un cotxe i et fa por que s'espatlli, viuràs intranquil. Comprova que si no et sents amo del cotxe el pots gaudir, el pots utilitzar amb tota llibertat i, fins i tot, apreciar i agrair la utilitat de tenir un mitjà de transport, encara que això impliqui que es pugui fer malbé amb l'ús. Verifica-ho.

Avui penses que tens una casa perquè la vas comprar tu i està al teu nom, però en realitat el que estàs fent és administrar aquesta casa durant el temps que hi vius o durant la teva vida; és un préstec temporal. Verifica-ho.

Tu tens diners avui i per continuar tenint els mateixos diners cada dia, hauries de deixar de gastar per no “perdre'l”, la qual cosa no és possible perquè els diners són els que permeten a la societat actual l'intercanvi de productes i de serveis, i es mou constantment. Observa que als diners no se'ls ha de retenir, sinó que se'ls ha de fer circular creant utilitat i, així, continua fluint. Verifica-ho.

Propostes d'entrenament

1. Quan perds alguna cosa o te la roben, comproves que no era teu, només estava a la teva disposició temporalment. Repeteix-t'ho cada vegada que et passi una cosa així.

2. 2. No tenir coses no vol dir no poder-les utilitzar: ¿és que no haver comprat una casa a la platja t'impedeix gaudir de la casa si t'inviten unes amistats? Potser no tenir llibres a casa teva t'impedeix gaudir dels llibres d'una biblioteca? O el fet de no tenir un cotxe t'impedeix gaudir-ne quan els altres t'hi porten o bé en llogues un? Què prefereixes?

   – gaudir-ne com si fos teu però sense ser-ho?, o

   – comprar-ho tot pensant que així ho gaudiràs més?

3. Reprogramació mental. Recorda't i repeteix-te sovint la següent afirmació de saviesa: ***No posseeixo res, només ho administro.***

Recorda:

No posseïm coses, només les administrem

7a Creença Falsa

Tu tens una família

"Mai no pots posseir a ningú"

– Anònim –

Què ens va portar a creure en aquest error?

Des de petits, estem acostumats a fer servir un llenguatge possessiu, tant per a coses com per a les persones, i això ens porta a sentir-nos amos de cada persona que forma part de la família.

Ens han fet creure que la teva parella és teva i que ningú més pot estimar aquella persona (ni els amics, ni els pares...), és únicament per a tu en exclusivitat. És més, gairebé ens obliguen a tenir parella perquè no estan gaire ben vistes les persones que viuen soles, i ens fan creure que és indispensable una companyia a la vida.

Una altra creença que ens han inculcat és que els pares som els amos dels nostres fills i que sense ells no podem ser feliços.

Creure en això ens fa patir perquè:

Ens passem la vida lluitant per defensar els nostres éssers estimats, sentint por a perdre'ls i angoixats per si els passa alguna cosa desagradable.

Ens omplim d'aferraments o de gelos que no ens permeten ser feliços per nosaltres mateixos i obliguem els nostres éssers estimats a estar amb nosaltres per sentir-nos millor.

Creure que posseïm algú ens fa sentir ansiosos, insegurs, amb por davant la possibilitat de distanciar-nos o de perdre'l...

Mentre pensem així, és inevitable patir. **Tota creença que no ens aporti pau interior i harmonia externa s'hauria de revisar.**

Quina informació de saviesa pot substituir aquesta creença falsa?

L'actitud de saviesa és **aprendre a fer acords** amb els teus éssers estimats i renunciar a la temptació de patir i controlar els altres. La por i l'angoixa són inevitables si comprens que, a nivell profund, tot el que succeeix conté una oportunitat valuosa d'aprenentatge.

L'**exclusivitat** és un pensament fals, no existeix en les relacions. L'**amor és universal, el que varia és el tipus d'acord que fas en cada relació.** No faràs els mateixos acords en una relació professional de cap-empleat, que en una relació d'amistat, que en una relació mare-fill.

Exclusivitat, generalment, implica control, intolerància i falta de respecte a l'autonomia de l'altre. No confonguis amor amb exclusivitat o possessió, el segon concepte és producte de la inseguretat i de la por a la separació o a la pèrdua.

Necessites descartar el sentit de possessió i tots els aferraments i les pors que se'n deriven, i renunciar definitivament a queixar-te del que no tens a la teva disposició. Al contrari, has de valorar i gaudir de les persones amb les quals et relaciones.

I recordar que tu pots gaudir de tot, si ho fas amb saviesa. Res no és exclusiu per a tu, però pots gaudir de moltes relacions encara que no siguis propietària de ningú. No posseir et fa lliure. **Voler posseir les persones provoca justament el contrari**: s'allunyen més de tu perquè senten que els prens l'aire.

Tu no pertanys a ningú i ningú no et pertany.

Com pots verificar el que acabem de dir?

Impedeix el teu fill o filla que se'n vagi de casa encara que tingui 30 anys. Creus que aconseguiràs tenir-lo o tenir-la "lligada" per gaire temps? Verifica-ho.

No deixis sortir la teva parella amb amics i amigues per por a perdre-la: una manera segura d'espatllar la relació. Verifica-ho.

No facis acords amb ningú, obliga'ls sempre a fer el que tu vols, perquè tu n'ets l'amo. Comprovaràs que aquesta conducta genera conflictes i només et fa patir. Hauràs verificat que no posseïm a ningú.

Propostes d'entrenament

1. Quan t'entrin ganes d'obligar el teu fill o la teva filla o la teva parella a estar tota l'estona amb tu, permet que gaudeixin del que més els agrada (per exemple, anar d'excursió), encara que no coincideixi amb les teves preferències. Escull **ser feliç veient feliç l'altra persona**. Aquest serà un entrenament excel·lent.

2. Quan et trobis amb una persona desconeguda en una situació casual i agradable, verifica que pots gaudir de la relació sense sentir-te'n amo i que li pots donar la benvinguda i deixar-la marxar sense culpa, patiment ni agressió. Després de verificar-ho, intenta portar-ho a la resta de les teves relacions.

3. 3. Reprogramació mental. Davant de qualsevol sofriment que es produeixi per un aferrament possessiu a algú, repeteix-te: ***Ningú no em pertany, no sóc amo de ningú, tothom és lliure***.

Recorda:

No ets amo de ningú; només l'amor ens pot unir

8a Creença Falsa

Tu pots canviar els altres

"Sigues el canvi que vols veure en el món"

– Gandhi –

Què ens va portar a creure en aquest error?

El que ens van transmetre els adults (pares, mares, amistats...) i l'educació que vam rebre, ens fa estar ben segurs que nosaltres podem canviar els altres. Ens van dir frases com aquestes:

– "Ja veuràs com tu fas que la teva parella canviï quan es casi amb tu"

– "Ja veuràs com el teu fill canvia per tu, perquè li importes molt"

– "Segur que aconsegueixes que la teva filla sigui valenta com a tu t'agrada"

També ens van fer creure que si aconseguíem canviar els nostres amics i amigues, les relacions serien més harmòniques i s'evitarien discussions perquè tothom estaria d'acord amb nosaltres.

Creure en això ens fa patir perquè:

Estem lluitant per aconseguir un impossible que ens omple de frustració quan veiem que no es compleixen les nostres expectatives i que els altres no canvien com nosaltres volem.

No ens esforcem per comprendre l'altre, no tenim empatia. Al contrari, forcem les relacions perquè siguin els altres els qui canviïn i s'adaptin a nosaltres.

Ens omplim d'intolerància, cosa que no ens permet ser feliços perquè obliguem els altres a pensar o a actuar segons els nostres desitjos, i això és impossible.

Ens fa patir perquè podem acabar pensant que nosaltres no som prou bons, intentem canviar l'altra persona i no ho aconseguim, així que ens culpem, ens continuem esforçant en aquest objectiu i ens oblidem de nosaltres.

I si, de tant en tant, aconseguim que l'altra persona canviï en algun aspecte, tampoc no ens aportarà felicitat, només tranquil·litat temporal per a l'ego.

Mentre pensem així, és inevitable patir. **Tota creença que no ens aporti pau interior i harmonia externa s'hauria de revisar.**

Quina informació de saviesa pot substituir aquesta creença falsa?

L'actitud de saviesa és **fer un treball intern**, sense intentar canviar els altres.

La vida és un camí. Els canvis es produeixen en els caminants, no en el camí. Centra't en tu, busca els canvis que necessites per viure feliç, però no demanis als altres que et donin el que tu no et dónes.

Als altres els pots proporcionar informació de saviesa, però no els pots obligar a comprendre, la comprensió l'han d'assolir per si mateixos. Pots portar un gos a la font, però no el pots obligar a beure. Acceptar i respectar les decisions dels altres, especialment si creus que estan equivocats, és una mostra de la teva evolució, de la teva saviesa.

Si intentes obligar els altres a canviar, estaràs utilitzant una "arma", no una "eina", i les teves relacions es tornaran conflictives. Respecta els ritmes dels altres, respecta el seu procés d'aprenentatge i dóna'ls el teu suport amb la informació suficient, oportuna i eficient, sempre que te la demanin o acceptin el teu oferiment.

Com pots verificar el que acabem de dir?

Intenta imposar els horaris de son dels teus fills i obliga'ls a fer la migdiada quan no tinguin son i vulguin anar a jugar. Això, en lloc de crear un hàbit, crearà un rebuig. Verifica-ho.

Intenta obligar una altra persona a menjar sempre el que no li agradi i veuràs que els resultats no són gens satisfactoris. Tu pots canviar els teus hàbits alimentaris, però no pots canviar els hàbits d'una altra persona, només li pots donar informació i mostrar-li el teu exemple, però és l'altra persona la que decideix canviar o no. Verifica-ho.

Quan hi ha un mal ambient en un lloc de treball, no pots evitar que els altres critiquin, es queixin, no s'impliquin, treballin sense ganes..., però sí que tens el control total del que tu aportes a l'ambient. Tu pots ser amable, responsable, treballadora, respectuosa... Verifica-ho.

Propostes d'entrenament

1. Quan tu tinguis gana, menja. Però no obliguis a menjar als altres. Comprova que ets tu qui té gana.

2. Comprova que quan tu no vols canviar, tant és el que facin els altres. No els fas cas. Ho pots comprovar? Quan algú et pressioni, aprofita per practicar recordant l'aprenentatge que has fet en aquest capítol: "No puc canviar els altres".

3. Reprogramació mental. Recorda't tan sovint com puguis: ***La meva feina és canviar el meu interior per ser feliç i no exigir als altres que siguin com jo vull.***

Recorda:

Únicament et pots canviar a tu

Segon bloc de creences falses

Sobre el món i la realitat

9a Creença Falsa

Veus el món tal como és

"Tota percepció és una projecció"

– Curs de Miracles –

Què ens va portar a creure en aquest error?

Des de sempre, ens han educat per creure a *ulls clucs* en l'exterior. Vam deixar de mirar el nostre interior i vam posar l'atenció i la confiança en l'exterior. Això era inevitable quan érem petites i petits, i depeníem d'un exterior que ens hi va impulsar. La veritat estava fora: en allò que ens deien i ens ensenyaven. Els havíem d'obeir i la norma era la seva norma, no el que vivíem internament.

Les persones adultes ens deien com s'havien de fer les coses. No solien preguntar-nos, ni posar en dubte la seva manera d'actuar. Les expressions "sempre s'ha fet així" o "perquè ho dic jo", se sentien a moltes cases i a moltes escoles com l'única veritat. Així s'imposava, d'una manera inconscient, una visió del món que no admetia divergències.

També se'ns va ensenyar a creure en el que "es veu, es toca i se sent". A confiar en els sentits i a creure, per tant, que l'exterior és un i només un: el que percebem físicament. Ens vam creure que els nostres filtres no deformen aquesta realitat en absolut, que la nostra mirada és totalment transparent i neta. Que veiem exactament el que existeix i tot el que existeix.

En tot cas, quan altres persones opinaven diferent davant d'un aspecte de la realitat, ens aconsellaven que no ens en refiéssim, que penséssim que estaven equivocades. Nosaltres sempre teníem raó, mai no ens van animar a posar en dubte les creences del grup al qual pertanyíem.

Per tant, vam acabar creient que estàvem veient un món objectiu i que, quan altres persones no compartien aquesta visió, simplement estaven equivocades o eren dolentes. Perquè nosaltres sempre vèiem el món exactament tal com era i, per descomptat, teníem raó i érem bones i bons.

Creure en això ens fa patir perquè:

En creure-ho, no podem evitar pensar que els altres estan equivocats o equivocades i, esclar, aquestes creences ens omplen de patiment. A més, això **fomenta la nostra rigidesa mental** i ens impedeix posar-nos en el seu lloc i, potser, aprendre noves formes de fer i de veure el món que ens resultarien enriquidores.

I, lògicament, ens passem la vida intentant que els altres vegin el món com el veiem nosaltres. **Lluitant contra ells**. Batallant contra el que considerem els seus errors... i si ells fan el mateix amb nosaltres, es produeix un enfrontament continuat que només produeix patiment a totes dues parts!

Però com que la nostra visió del món no és prou sàvia i sempre hi ha aspectes que no comprenem, ens solem omplir de frustració perquè la realitat no coincideix amb el que hauria de ser. Arribem a lluitar-hi en contra! I, com és evident, si lluitem contra la realitat sempre tenim les de perdre, encara que només, tal com diu irònicament Byron Katie, el cent per cent de les vegades.

Mentre pensem així, és inevitable patir. **Tota creença que no ens aporti pau interior i harmonia externa s'hauria de revisar.**

Quina informació de saviesa pot substituir aquesta creença falsa?

L'actitud de saviesa és saber discernir entre **el que passa i el que tu interpretes que passa** en el món. Adonar-se que el que tu interpretes de la realitat no és la realitat mateixa, t'ajuda a tenir més saviesa cada vegada.

L'actitud de saviesa és observar-te, coneixe't i anar netejant la teva pròpia mirada. Un mateix fet es pot percebre com a diferent segons el nivell de consciència de qui mira i la seva capacitat de posar-se en diferents llocs alhora. Per tant, la saviesa és mirar cada situació amb tanta comprensió i tantes perspectives com sigui possible. De fet, **quan alguna cosa es comprèn, t'envaeix una pau profunda**. Per això es va dir que la veritat et faria lliure; no la teva opinió, sinó la comprensió profunda. Mentre alguna cosa et fa patir és que encara no l'has comprès.

Una altra manera d'explicar-ho és afirmar que **el món és un mirall: veus a fora el que tens a dins**. Ningú pot reconèixer una integral matemàtica si no la comprèn: mentre vegis gargots o un munt de nombres incomprensibles, encara et falta informació o entrenament.

Per tant, el que és savi és aprofitar per netejar la teva pròpia mirada, el que tu veus com a erroni a l'exterior. Aprofita el que veus per netejar el que entela la teva mirada. No vulguis pentinar el mirall, pentina't tu.

Com pots verificar el que acabem de dir?

Per comprovar que **la realitat és neutra** i que és absurd lluitar-hi en contra, observa com, per exemple, davant del mateix temps atmosfèric, unes persones ho viuen com una situació negativa mentre d'altres ho gaudeixen amb alegria. Mentre uns poden veure terrible un hivern intensament fred, uns altres el poden veure com una oportunitat per esquiar i perquè la natura descansi abans de despertar en una primavera esplendorosa. De què depèn veure el mateix fet en positiu o en negatiu? És inherent a la situació o depèn de la mirada de l'observador? Verifica-ho.

Fixa't que les dificultats alienes solen ser més fàcils de portar. Observa com el que passa no ens desequilibra emocionalment, ho podem comprendre com un "fet inevitable de la vida del qual n'hem de treure algun aprenentatge". Però comprova com aquest mateix fet –una pèrdua, un robatori, una mort, fins i tot un simple retard en l'horari d'un viatge– ens afecta molt més intensament quan ho vivim en primera persona. No es tracta que l'exterior sigui diferent, sinó que el deformem. Podem veure un got mig ple o mig buit, però el got és el mateix. Verifica-ho.

En un lloc de treball, una persona hi treballa amb goig mentre una altra ho viu com un sacrifici. Amb això comprovaràs que no és la realitat la que imposa una visió del món, sinó la pròpia subjectivitat. Verifica-ho.

Si veus el món tal com és, per què un mateix fet el percebem de maneres diferents? Això demostra que la visió del món depèn del que ets, del que projectes des del teu interior. Comprova que, davant d'un mateix fet social, econòmic, polític... hi ha visions diferents perquè hi ha projeccions internes diferents. Verifica-ho.

Propostes d'entrenament

1. Davant la manera de prendre't qualsevol circumstància, pregunta't: *"Què diu això de mi?"* Així t'aniràs coneixent i et podràs alliberar dels prejudicis que enterboleixen la teva mirada. Per exemple, davant d'una persona que es cola en una fila, et pots queixar, la pots agredir, la pots admirar... què diu això de tu? La teva manera d'interpretar aquest fet, quina informació et dóna sobre les teves creences, preferències i pensaments? Quan coneixes les teves limitacions és quan les pots transcendir i serà llavors quan la teva relació amb el món canviarà. Com menys autolimitacions tinguis, més lliure seràs.

2. Adona't que, davant de qualsevol situació, pots escollir entre veure-la com una dificultat odiosa o com una oportunitat d'aprendre i superar un límit intern teu. Què prefereixes? Per exemple, davant d'un nou programa informàtic, et pots focalitzar en el servei que et farà quan el sàpigues fer anar i que fins i tot serà divertit dominar-lo, o bé en tot allò que encara no saps i l'esforç que t'exigeix entendre'l. Entrena't a veure el món com una oportunitat contínua per aprendre.

3. Per reeducar la teva ment, pots fer reprogramació mental. Repeteix-te: *Tot té una part que es pot valorar: sóc jo qui escullo centrar-me en el que és agradable o en el que és desagradable.* ***Decideixo centrar-me en el que és positiu.***

Recorda:

Tu veus el món tal com ets

10a Creença Falsa

El teu pensament crea la realitat

"Si tens els ulls negres, encara que repeteixis mil vegades que tens els ulls blaus, continuaràs tenint els ulls negres"

– Daniel Gabarró i Nieves Machín –

Què ens va portar a creure en aquest error?

Aquesta creença és força recent. Ha aparegut amb la nova era, però hi ha grups nombrosos de persones que hi creuen, especialment en àmbits de creixement personal i d'espiritualitat. La frase *"el que creus, ho crees"*, s'ha convertit en una expressió sinònima de *"jo creo la realitat física amb el meu pensament"*. Llibres de gran èxit com *El Secret* són un reflex de com està calant aquesta idea.

En aquests contextos, hem sentit dir moltes vegades que **si repetim qualsevol idea com si fos real, es materialitzarà físicament**. Ens diuen que és igual el que demanis: ho pots obtenir. **Només cal pensar-ho i sentir-ho com si fos real**.

A més, la física quàntica, amb l'experiment de la doble escletxa, ens ho confirma, ja que s'interpreta que la mirada de l'espectador crea físicament la realitat.

Per tant, se'ns anima a "decretar" el que volem viure, a "crear" la realitat física que desitgem.

Creure en això ens fa patir perquè:

Desgastem energia inútilment intentant crear aspectes de la nostra realitat als quals **no tenim accés amb el nostre nivell de consciència actual**.

Pensar que creem la realitat física amb la nostra ment **engrandirà fàcilment el nostre ego.** Tindrem tendència a demanar el que no tenim: un cotxe més gran, una casa més maca, etc., com si la solució dels nostres problemes fos exterior. Demanarem el que no tenim creient que això és el que és bo per a nosaltres, com si nosaltres sabéssim més que l'Univers el que ens convé.

Des de l'ego, no demanem viure les dificultats que necessitem per créixer, sinó evitar-les, i això no es pot concedir. Des del nostre ego **no demanem el que necessitem, sinó el que desitgem** i això allarga el nostre aprenentatge, el nostre patiment, i augmenta el nostre ego, de manera que entrem en un cercle viciós.

A més, davant les dificultats, tendirem a dir-nos, o a dir als altres, que si les viuen és perquè les han creat i probablement se sentiran culpables. Pensaran, o pensarem, que no solament tenen una malaltia o una problemàtica concreta, sinó que, a sobre, tenen la **culpa** d'haver-la creat.

Mentre pensem així, és inevitable patir. **Tota creença que no ens aporti pau interior i harmonia externa s'hauria de revisar.**

Quina informació de saviesa pot substituir aquesta creença falsa?

L'actitud de saviesa és adonar-se que **totes les realitats existeixen alhora**: pobresa i riquesa, dolor i plaer, dia i nit, alt i baix... i tu et fas corresponent amb unes o unes altres, en funció de la saviesa que hagis pogut incorporar a la teva vida. A mesura que tens **més saviesa, et fas corresponent amb una realitat més satisfactòria perquè tens més bones eines.**

Utilitzem la paraula "corresponent" com una manera d'indicar que hi ha una relació entre la teva mirada, el teu nivell de comprensió del món, el teu nivell de consciència i allò que vius. No es tracta de coses diferents, sinó de coses relacionades, tan relacionades que, segons com comprenguis el món, el veuràs d'una manera concreta i viuràs una realitat determinada. Es tracta de remarcar que **cada nivell de comprensió de la realitat, s'ajusta també a un nivell d'experiència d'aquesta realitat**. Però tots els nivells coexisteixen alhora.

Això anima a ascendir per l'escala de la comprensió, per anar vivint realitats cada vegada més satisfactòries i menys doloroses. Però la idea bàsica de "corresponent" seria un sinònim d'"ajustat": la teva vida s'ajusta a una realitat o a una altra en funció del lloc on estiguis, de la mateixa manera que des d'una escala veus més o menys paisatge en relació amb l'esglaó on et situïs, però tota l'escala existeix al marge de l'esglaó on estiguis tu. Tu no crees l'esglaó, ni l'escala, ni el que veus.

Per comprendre l'expressió "fer-se corresponent" també podem dir que, amb la teva manera de pensar vas atraient a la teva vida situacions, persones i coses afins al que tu "emets". Per exemple, si penses que arribaràs a l'oficina i que tothom estarà de mal humor, segurament, només captaràs els aspectes negatius. La teva ment és com una emissora de ràdio i va sintonitzant el que porta a dins per connectar amb la mateixa freqüència a fora, i ignora el que no coincideix amb la teva perspectiva.

L'actitud sàvia és comprendre que **mentre no dominis totalment la teva ment, no seràs capaç d'utilitzar-la per crear la realitat.** Encara que allò mental creés allò físic, sense un domini previ i molt avançat de la ment, això seria només un desig, una creença de l'ego. Si tinguessis una evolució elevada potser sí que podries crear amb la teva ment, tal com sembla que alguns grans éssers han creat a través de miracles. Però **mentre no dominis la teva ment, plantejar-se això resulta una mica ingenu**.

A la teva vida s'han pogut produir alguns "miracles", però mentre no els puguis reproduir sempre i a voluntat, encara no estàs en un nivell de consciència que pugui afirmar que el pensament crea la realitat. És com si una nena de 5 anys escrivís un poema molt commovedor en un matí d'inspiració, però mentre no sigui capaç d'escriure més poemes, seria inadequat anomenar-la "gran poetessa".

Ja tens prou feina eliminant les creences errònies, superar els traumes interns, unificar-te el conscient i l'inconscient, connectar-te amb l'aquí i ara... com per pensar que, sense fer tot això, ets capaç de crear la realitat. Encara que la ment pugui crear la realitat en un nivell de consciència molt elevat, **mentre no arribis a aquest nivell, creure-hi és despistar-te de la feina que ara et toca fer.**

Tanmateix, **no podem negar que el pensament és molt poderós i molt útil per modificar la realitat interna i arribar a unificar-se interiorment.** Després d'unificar-te internament, et podràs fer corresponent amb una altra realitat. **Els pensaments poden ferir la teva ment o la poden sanar.** Per tant, amb el teu pensament pots aprendre a no patir i a treure el millor de cada circumstància; però, en el nivell habitual d'evolució humana, no crees la realitat, la realitat ja existeix.

L'actitud de saviesa és admetre que mentre no assoleixis un nivell d'evolució més elevat, amb el domini actual del teu pensament, tens **el poder de canviar DE realitat, però no de crear LA realitat.**

Com pots verificar el que acabem de dir?

Decideix una cosa que vulguis crear amb els teus pensaments: un món sense atur, la fi de les guerres, un palau de gel en el desert del Sàhara... Comprova els resultats després de pensar-ho intensament i sabràs si el teu nivell d'evolució actual et permet crear la realitat o només moure-t'hi. Verifica-ho.

Per molt que pensis que tens relacions excel·lents, si no tens eines per mantenir relacions d'amor, tindràs conflictes permanents. Verifica-ho.

Comprova que totes les realitats existeixen alhora, però no a tothom li correspon viure la mateixa. Per exemple, visita un hospital i comprova que la salut i la malaltia existeixen aquí i ara, però uns viuen una cosa i uns altres, una altra. Visita una presó i comprova que no tothom té el mateix nivell de llibertat física. Verifica-ho.

Propostes d'entrenament

1. Dóna el màxim de tu, sense esperar que canviï l'exterior. A partir d'avui: pensa el millor, digues el que sigui adequat i fes el que sigui necessari. Així utilitzaràs el pensament per a la teva transformació interior i et correspondrà una realitat més satisfactòria.

2. Quan visquis una dificultat, no culpis ni et culpis. Aprofita-la per créixer donant el teu màxim. Així el teu ego no interferirà i s'anirà debilitant. Tot és perfecte i necessari.

3. 3. Com que el pensament és molt poderós, t'animem a utilitzar-lo per treure't de la ment les idees errònies que t'autolimiten. Afirma frases certes que et generin pau

interior, encara que no les visquis com a reals al cent per cent. Per exemple, repeteix-te: ***Jo i tots els éssers som dignes d'amor***.

Recorda:

En el nivell d'evolució actual, et fas corresponent amb la realitat que vius, no la crees

11a Creença Falsa

Lluita per canviar la realitat

"Quan vius gaudint,
el teu món és el goig"

– Daniel Gabarró –

Què ens va portar a creure en aquest error?

Sempre hem sentit dir que nosaltres podem canviar la realitat, que tenim el poder de fer-ho.

Això ens porta a creure que tenim l'**obligació de canviar tot el que no ens agrada** i que lluitar és bo perquè ens fa forts. És més, **si no lluitem, som insensibles, insolidaris** i els altres deixaran d'estimar-nos perquè ens convertirem en "dolents".

Si lluitem ens sentim més importants, més valentes i valents, i sembla que complim amb el nostre deure.

Creure en això ens fa patir perquè:

Ens passarem la vida lluitant, en lloc de viure les diferències com una possibilitat per aportar, per tenir flexibilitat mental, per gaudir compartint en lloc de barallar-nos i imposar. **Podem aprendre per patiment o per discerniment i la lluita implica patiment.** Som nosaltres els qui podem escollir la manera d'aprendre.

Ens estem negant la possibilitat d'augmentar la nostra capacitat d'adaptació i somniarem fugir de cada persona o lloc que no canviï com a nosaltres ens agradi.

Si creiem que podem canviar la realitat i lluitem per fer-ho, la situació que volem canviar continuarà perquè **tot el que es resisteix, persisteix.** Per exemple, si ens resistim a acceptar la nostra alçada, sempre estarem pensant en això, i ens compararem amb els altres per veure si som prou alts o no.

A més, si posem la nostra atenció en el que no ens agrada, s'expandirà: **allò en què ens enfoquem, s'expandeix.** És com dir-li a la vida que ho volem continuar experimentant i aleshores continuarem en la queixa, sense aconseguir resultats satisfactoris.

Mentre pensem així, és inevitable patir. **Tota creença que no ens aporti pau interior i harmonia externa s'hauria de revisar.**

Quina informació de saviesa pot substituir aquesta creença falsa?

L'actitud de saviesa és saber diferenciar quan tinc capacitat de canviar una realitat externa i quan no tinc aquesta capacitat. **Si puc canviar alguna cosa, sense lluitar, ho faré. Si no ho puc canviar, ho acceptaré després d'haver-ho comprès.** La meva realitat és només el meu àmbit d'influència. Donaré el màxim, sense patir, en el meu àmbit d'influència.

És totalment diferent lluitar per canviar la realitat, que aportar transformacions per millorar-la. Només la segona opció és sàvia.

L'actitud de saviesa és canviar el teu interior i actuar amb amor, per fer-te corresponent amb una realitat diferent, cada vegada més harmònica.

L'actitud de saviesa és que canviïs tu per adaptar-te a la realitat. I adaptar-se a la realitat no vol dir resignar-se, sinó acceptar-la. **Resignar-se** és rendir-se davant d'alguna cosa contra la qual voldries lluitar perquè no ets capaç de veure-li el propòsit d'amor, ni l'oportunitat d'aprenentatge que et dóna. **Acceptar** és comprendre el que succeeix i veure que té un propòsit d'amor. Sense comprendre no es pot acceptar.

L'actitud de saviesa és adonar-te que, en situacions de maltractament o violència, tens l'opció d'apartar-te de la situació per evitar prolongar-la, perquè si la perpetues el resultat serà negatiu per a les dues parts. L'actitud de saviesa és tenir eines per allunyar-te amorosament, desitjant el millor per a l'altra persona i per a tu. I això es pot aplicar també a temes socials.

Permetre **que algú et maltracti o actuï amb odi, no és acceptació, és falta d'eines.**

Com pots verificar el que acabem de dir?

No es tracta de lluitar contra la malaltia, sinó de generar hàbits de vida que siguin saludables. La salut serà una conseqüència joiosa i no el resultat d'una lluita terrible. Busca un hàbit saludable que t'agradi molt i practica'l: la teva salut millorarà. Verifica-ho.

No et fixis en el que no t'agradi de les altres persones, sinó en el que sí que les pots valorar. De cada persona, agafa el millor, no et quedis només amb els seus "errors". Per exemple, en una poma malmesa, traiem el tros malmès i ens en mengem la resta. Fes el mateix amb les persones i les situacions, deixa a part el que et desagrada i gaudeix de les seves qualitats i els seus valors. Verifica-ho.

No lluitis en el món laboral, per contra, dedica't a entregar el millor de tu sent tan útil com puguis i obrint-te a rebre. Protegeix-te, amorosament, dels maltractaments. Comprovaràs que l'abundància és conseqüència de ser útil, de donar. Verifica-ho.

Quan no lluitis per canviar les coses que et semblen difícils, aquestes es tornen menys complicades, però no perquè hagin canviat, sinó perquè tu ja les afrontes d'una altra manera. Verifica-ho.

Propostes d'entrenament

1. Davant de qualsevol aprenentatge vital, escull fer-ho per discerniment. No hi lluitis en contra o convertiràs el procés en un patiment. Tracta't amb dolçor: fes agradable el fet d'aprendre a la vida.

2. Davant de qualsevol situació, pregunta't: com la puc viure potenciant-ne el més bonic i gaudint-la? Això canviarà la teva perspectiva i et farà entendre que la vida no és una lluita, sinó un goig.

3. Reprogramació mental. Repeteix-te tantes vegades com calgui fins que ho integris: ***L'èxit real és ser capaç de ser feliç en qualsevol situació, comprenent el seu propòsit d'amor.***

Recorda:

Comprèn la realitat i actua amb saviesa, no hi lluitis en contra

12a Creença Falsa

Els problemes són dolents: allunya-te'n!

*"Si tanques la porta a tots els errors,
també la veritat es quedarà fora"*

– Rabindranath Tagore –

Què ens va portar a creure en aquest error?

Al llarg de la nostra vida, hem sentit com els adults deien que hi havia molts problemes i que, com que són "dolents", els hem d'evitar.

A més, ens van dir que si evitàvem els problemes, deixaríem de patir, perquè la causa del nostre patiment eren els problemes externs, que ens impedien ser feliços.

Si ens enfrontem a les dificultats, podem fracassar i cometre errors, i això està molt mal vist per la societat, perquè ens importa més l'opinió dels altres que el nostre aprenentatge i no se'ns permet equivocar-nos.

Creure en això ens fa patir perquè:

En voler fugir dels nostres problemes, ens estem negant l'oportunitat de superar les nostres dificultats, l'oportunitat d'aprendre i, per tant, repetirem el mateix una vegada i una altra.

Si creiem que el millor és evitar-los perquè ens sentim incòmodes i no busquem una solució, aquests augmentaran, perquè **el principal problema és la nostra ignorància** i la solució és aprendre el que sigui necessari per superar-lo.

Mentre pensem així, és inevitable patir. **Tota creença que no ens aporti pau interior i harmonia externa s'hauria de revisar**.

Quina informació de saviesa pot substituir aquesta creença falsa?

L'actitud de saviesa és deixar de fugir dels problemes i veure'ls com una oportunitat d'aprenentatge, perquè en superar la teva ignorància, els problemes desapareixeran. I fins i tot havent-hi problemes, seràs capaç de descobrir solucions on abans només podies percebre obstacles i conflictes.

El que és savi és saber que el que anomenem problemes és absència de saviesa, no és un fet, sinó un procés que durarà fins que n'assolim la comprensió. És un camí inevitable del qual pots gaudir o bé pots lluitar-hi en contra, però això no el modificarà. Igual que no modifica l'escola el fet que l'alumne/a no hi vulgui anar. Es tracta d'un procés que t'invita a tenir més saviesa, a descobrir-te. Una oportunitat, un fet meravellós.

El destí, el karma, és allò que encara no has après. No és venjança, ni deutes, és ignorància, és com una assignatura pendent d'aprovar. La vida és sàvia i et posa en situacions necessàries per a la teva evolució, encara que la teva tendència automàtica sigui evitar les situacions difícils en lloc d'enfrontar-les.

Tant és l'origen de les dificultats externes, l'important són les respostes internes que ofereixes davant de les dificultats. Qualsevol dificultat és interior, encara que el seu origen objectiu sigui extern. Les dificultats sempre t'ajuden a ampliar els teus límits mentals, adaptant-te a la nova circumstància i sabent que tenim dret a viure amb plenitud i a no patir ni desesperar-nos. No hi ha situacions desesperades, només hi ha persones que es desesperen en determinades situacions.

Si has pres la decisió de ser feliç, pots agrair tot el que passi com una manera de fer-te conscient de la importància de la vida. Recorda-t'ho en els moments més difícils! Intenta buscar l'aprenentatge profund que pots obtenir del que t'està passant, sigui el que sigui: un accident, un abandonament, una mort propera, una malaltia, una crisi econòmica, una traïció... Pregunta't: *què m'ensenya, que sigui realment útil, aquesta circumstància, per incrementar la meva felicitat i la meva pau interior?*

Decideix pensar allò que t'omple de pau i d'amor, i nega't a pensar el que et fa patir. Sabràs que el que penses és la veritat quan sentis llibertat, pau i amor dintre teu. Aleshores, sabràs que els teus pensaments són correctes. **La veritat no és el fet en si, sinó un aprenentatge real que t'allibera del patiment.**

Com pots verificar el que acabem de dir?

Quan evites persones difícils, et perds la seva riquesa i l'oportunitat d'aprendre a relacionar-te amb persones diferents a tu mantenint la pau, et perds una possibilitat de creixement. Tanmateix, si la situació et supera molt, és millor ajornar l'experiència per agafar forces i enfrontar-la en el moment adequat, si és possible. Verifica-ho.

Quan no estiguis còmode en un lloc, has d'esbrinar què t'incomoda. Quan ho observis, et podràs adonar que no és el lloc, sinó tu. Verifica-ho.

Gràcies a enfrontar-te als problemes, has après just el que necessitaves. Si per a tu és un problema conduir, però necessites fer-ho per fer una feina que t'entusiasma, què serà millor: aprendre a conduir o renunciar a la feina? Verifica-ho.

Propostes d'entrenament

1. Recorda com vas aprendre a anar en bicicleta: t'aixecaves cada vegada que queies. Ara la bicicleta és una joia. Pots mantenir aquesta idea fixa davant d'una dificultat? És una oportunitat magnífica.

2. Quan tinguis una dificultat o un problema, assumeix el que sents, però mantén-te amb fermesa fins que hagis après a superar la dificultat. Aprèn a agrair les dificultats.

3. Reprogramació mental. Repeteix sovint la següent idea de saviesa fins que la visquis com a certa: ***Desitjo aprofitar les oportunitats que em donen les dificultats per aprendre.***

Recorda:

El que anomenem problemes són oportunitats per aprendre

13a Creença Falsa

Si lluites, treballaràs en el que vulguis

"No importa la feina que facis, sinó que l'estimis"

– Daniel Gabarró –

Què ens va portar a creure en aquest error?

Una vegada més ens van dir que havíem de lluitar... i sempre amb alguna justificació per fer-ho. Aquesta vegada, la lluita és per aconseguir la feina que ens agrada.

Ens van dir que la lluita té la seva recompensa i que si lluitem tot és possible.

També ens van fer creure que **hi havia una relació directa entre el que estudiem i allò en què treballarem en el futur**.

Ens vam creure que **el món laboral depenia només de nosaltres** i que nosaltres podríem decidir el que voldríem fer per guanyar-nos el sou.

Creure en això ens fa patir perquè:

Si el nostre lloc de treball actual no coincideix amb el que desitgem, entrem en una lluita mental. La realitat laboral s'imposa i xoquem amb ella cada vegada que no aconseguim el que volem.

Ens sentim frustrats i gastem molta energia insistint una vegada i una altra per aconseguir una feina que la realitat ens nega a oferir-nos. Lluitar contra la realitat és inútil.

Algunes vegades hi ha una diferència entre el que estudiem i la funció que realitzem, que, sovint, no té res a veure amb la nostra vocació o amb la nostra missió.

Creiem que no podem ser feliços sense el lloc de treball que desitgem.

Mentre pensem així, és inevitable patir. **Tota creença que no ens aporti pau interior i harmonia externa s'hauria de revisar.**

Quina informació de saviesa pot substituir aquesta creença falsa?

L'actitud de saviesa és oferir el millor de tu, allà on siguis, i donar els passos necessaris per fer-te corresponent amb el més satisfactori per a tu, sense lluitar i sense patir si no aconsegueixes la feina somiada. El més savi és escoltar i observar el que la vida et vol dir amb les dificultats laborals. En fer-ho, trobaràs **formes adequades d'actuar** i, molt probablement, les dificultats minvaran o desapareixeran.

No tancar-te a donar, per així obrir la porta de l'abundància. Acceptar que la funció no ha de coincidir necessàriament amb la missió, però que tot es pot estimar i és així com es transforma. No es tracta, doncs, de fer el que estimes, sinó d'**estimar el que fas** i fer-ho sense lligar-te als resultats, sinó al mateix procés d'estimar.

A l'espai laboral, estimar vol dir: no salvar ningú de les seves responsabilitats, no fer la seva feina, donar el màxim, estar obert a rebre, valorant els diners i el temps, el lloc... i sempre tenint present el propòsit del teu lloc de treball, que pot ser fabricar cotxes, ensenyar a estudiants, atendre malalts...

En l'experiència de vida de qualsevol ésser humà, hi trobem presents diversos elements: el destí, la missió, la funció i la intenció. Per a nosaltres són conceptes nous amb paraules "velles", per la qual cosa et recomanem que t'oblidis de la definició prèvia que poguessis tenir sobre això.

El **destí** és el que vas venir a aprendre i, per tant, en lloc de queixar-te, **aprofita** l'oportunitat d'aprendre gaudint de qualsevol cosa que facis. El destí és un disseny pedagògic que té el propòsit de permetre als éssers humans verificar i descobrir la informació que regeix l'Univers i el seu ordre perfecte. **Pren compromís amb el teu destí**, amb les teves dificultats, i la teva missió es multiplicarà.

La **missió** és allò que ja has comprès, allò que se't dóna bé i pots ensenyar a altres persones. La missió et permet **gaudir** i recuperar una gran quantitat d'energia vital invertida en l'exercici d'aprendre a ser feliç. En la mesura que transmutis la teva ignorància en comprensió i saviesa, tindràs més missió i, per tant, més **satisfacció** i menys destí.

La **funció** és el que fas per mantenir-te (estudiar, una feina remunerada, cuidar la casa, cuidar dels fills i les filles...).

Encara que la teva funció no coincideixi amb la teva missió, l'actitud de saviesa és posar-hi tot el teu entusiasme, **amor i alegria** en el que fas. Qui és feliç i gaudeix del que fa, sempre tindrà abundància de recursos. La saviesa implica **assumir la nostra funció**. Si la teva funció coincideix amb la teva missió o vocació: enhorabona!

La **intenció** és el que vols per a tu mateix i/o per a la resta d'éssers humans, i s'hauria d'orientar de manera que no interferís en el destí dels altres, evitant evadir el destí propi. La intenció és l'element més complex, perquè el sentiment, la idea de bondat i altres idees que et va transmetre erròniament la cultura, et condueixen de manera constant a intentar interferir en el destí d'altres persones. Si acceptes que el destí és una cosa extraordinària i no "dolent", que és la millor oportunitat de la qual disposes perquè es compleixi el que vas venir a fer en aquest món, deixaràs d'intentar canviar el destí dels altres. La saviesa implica **saber gestionar la intenció per no evitar el teu propi destí i no interferir en el destí dels altres**.

Com pots verificar el que acabem de dir?

Si t'ofereixen una feina que no t'agrada, però no en tens cap altra, digues que sí i aprofita-ho per créixer internament. I mantén-te oberta o obert a les oportunitats que puguin venir després. Si comences dient que no, també la vida tindrà la tendència a dir-te que no. Sense donar, no pots rebre. Verifica-ho.

Comprova que, de vegades, és l'orgull el que no et permet acceptar una feina que consideres "inferior" després d'haver acabat una carrera "superior". La veritat és que totes les feines són necessàries i cap ofici o funció és millor o pitjor que un altre, només són diferents. Si acceptes la feina que t'ofereixen amb alegria, i dónes el millor de tu fent-la, és probable que la vida et situï en una altra funció que consideris més apropiada a la teva formació o als teus desitjos. Verifica-ho.

Per exemple: he d'acceptar que el meu fill de 17 anys experimenti els seus capritxos per no interferir en el seu destí? Et proposem que intentis influir-hi, si en fer-ho es produeix un canvi, perfecte. Però si quan intentis influir-hi no t'escolta, t'ignora... està clar que aquella realitat no és a les teves mans i que el teu fill haurà d'aprendre per si mateix. No ens hem de rendir, però cal saber quan la nostra acció no dóna resultat. Verifica-ho.

Propostes d'entrenament

1. Aprofita els treballs difícils per fer-te mestre/a en les relacions amb la feina o amb les persones. Aquesta riquesa es quedarà amb tu per sempre. No desaprofitis l'oportunitat.

2. Intenta fer el que t'agradi i si no pots viure d'això, fes-ho igual, com a afició (hobby, distracció...) perquè pujarà la teva energia.

3. Reprogramació mental. Troba el propòsit profund de la teva feina o la teva funció i recorda'l sempre que puguis: ***Estic aquí per prestar un servei als altres donant el millor de mi.***

Recorda:

Estima tot el que facis

Tercer bloc
de creences falses

Sobre la bondat i l'amor

14a Creença Falsa

Ser bo és una virtut

"La bondat sense criteri
et fa esclau del sofriment"

– Nieves Machín i Daniel Gabarró –

Què ens va portar a creure en aquest error?

"Si et portes bé et dono un premi."
"Si et portes malament et castigo."
"Si ets bona t'estimo més."
"Si ets dolent no t'estimo."
"Si no ets bo ningú voldrà estar amb tu i et quedaràs sol."
"Si ets dolenta aniràs a l'infern."

Quantes vegades hem sentit aquestes frases quan érem petits?

Sembla que si som dolents comencen els problemes i **si som bons, tot anirà bé**.

Ser bo o ser bona és obeir un model social encara que sigui incoherent, ningú no el qüestiona, és un patró ancestral que es va repetint generació rere generació.

Creure en això ens fa patir perquè:

Mai no s'arriba a complir aquest model, és com l'horitzó: sempre es mou. A més, no podem acontentar a tothom sempre i en tot moment i a tot arreu. La simple pretensió és un fracàs.

El fet de comportar-nos d'una manera concreta, no implica que els altres ens estimin, ni que les coses succeeixin com nosaltres volem. Pretendre que podem "fer xantatge" a la realitat amb el meu bon comportament, és una actitud infantil i il·lusòria.

En molts contextos, no és fàcil saber què vol dir ser bo o ser dolent. El que per a uns és bo, per a uns altres és dolent. Què hem de fer? Ens trobarem sovint en el dubte.

L'**infern**, al qual ens han fet creure que aniríem si no érem bons, en realitat és un **lloc mental**, no és un càstig, ni un lloc on et porten. És un lloc en el qual habitem mentre vivim en la ignorància total.

Mentre pensem així, és inevitable patir. **Tota creença que no ens aporti pau interior i harmonia externa s'hauria de revisar**.

Quina informació de saviesa pot substituir aquesta creença falsa?

L'actitud de saviesa és transcendir la bondat per aprendre a ser útil.

Amb la bondat, sovint vols evitar les experiències de patiment dels altres, però el veritable servei d'amor és donar informació per ensenyar-los a no patir a la vida. No s'ha de ser bo, sinó que s'ha de ser just: saber el que cal donar i com donar-ho en cada moment.

Hi ha tres pautes educatives que et poden ajudar en les relacions i, especialment, en les educatives:

1. **Evitar que la violència doni resultat.**

2. **Respectar els altres permetent que visquin les conseqüències de les seves accions.**

3. **Ajudar només quan correspongui.**

Quan diem "que la violència no doni resultat" significa, per exemple, que no cedeixis davant d'una amenaça o d'un xantatge de la teva filla. Si et diu *"o em compres un telèfon mòbil o me'n vaig de casa"*, tu, com a pare, la tractes amb fermesa amorosa, és a dir, no li compres el mòbil i li proposes que marxi de casa si és el que vol, indicant-li que té la porta oberta per quan vulgui tornar. Si l'amenaça donés resultat, la teva filla continuaria utilitzant aquesta arma per relacionar-se amb tu. Si veu que no funciona i que no dóna resultat, aleshores buscarà una manera més harmònica de relacionar-se, com ara arribar a un acord.

Sovint, els pares i les mares, quan intenten evitar frustracions als seus fills i filles, impedeixen el seu creixement i el seu aprenentatge, i els mostren que no fa cap falta que assumeixin les seves responsabilitats, ni el resultat de les seves decisions, perquè algú que és "bo" ho assumeix per ells.

Per tant, **els tres requisits per ajudar són**:

1. Que et demanin l'ajuda explícitament.

2. Que no ho puguin fer per si mateixos o per si mateixes.

3. Que siguis corresponent. Això vol dir, d'una banda, que sàpigues com ajudar i, d'una altra, que siguis la persona que ha de donar aquesta ajuda. Si no et correspon donar l'ajuda i tot i així la dónes, estàs impedint que la persona adequada ofereixi la seva ajuda.

Ara definirem els termes *dolent*, *bo* i *just*, ja que ens estem referint a uns altres conceptes diferents als habituals.

Al **dolent** o **insensible**, els altres no l'importen i li fa por perdre el que ell necessita. Es deixa portar pel seu instint i això li produeix conflictes. El seu patiment el portarà a evolucionar cap al *bo*.

El **bo** o **sensible** es deixa portar pels seus sentiments i intenta salvar els altres, al marge que no es compleixin els tres requisits de l'ajuda. Com a conseqüència, pateix molt, però valora positivament el patiment perquè li fa por que els altres perdin el que necessiten. Podrà sortir del seu patiment quan decideixi netejar la seva ment d'idees falses i així començarà a evolucionar cap al *just*.

El **just** o **des-sensibilitzat** regeix la seva conducta per l'amor i no pels sentiments; per tant, li importa molt el que els passa als altres, però no hi pateix, perquè els comprèn. Es relaciona sempre pensant: *"Què és el millor per a la relació?"*

La bondat no és un valor, és una limitació mental que intenta "donar el peix en lloc d'ensenyar a pescar". La bondat valora el patiment com a bo en si mateix, però això no és un valor. Un **valor** és una **qualitat interna** de cada ésser humà que, quan l'utilitzes, suma amor i millora la relació; és una cosa que produeix satisfacció, tant en qui el dóna com en qui el rep, mai no produeix patiment. És el millor de tu.

Com pots verificar el que acabem de dir?

Donar almoina a qui no està disposat a donar res, és mantenir-lo sempre en la més absoluta de les pobreses, ja que no només està mancat de coses materials, sinó també de saviesa i de capacitat d'acció. Els fem incapaços i dependents. És maltractament. Verifica-ho.

No has de ser bo o bona i dir que sí a tot. Si no pots dir *no*, el teu *sí* està mancat de valor. Moltes vegades, el *no* és una mostra d'amor, ja que dir que sí et perjudica. Ajudar els altres trencant les normes de l'ajuda és danyar-los. Verifica-ho.

Quan algú vol fer alguna cosa que tu creus errònia, deixa que experimenti la seva vida, no l'intentis salvar per bondat. Per exemple: quan una filla o un fill es vol emancipar i la seva família s'hi oposa perquè no té una feina estable o una cosa semblant. Quina seria l'actitud sàvia i justa en aquest cas? Dir-li: *"Per a nosaltres, el més important és que tu siguis feliç i que trobis el teu camí, per tant, respectem la teva decisió, mentre siguis tu qui es mantingui. Que sàpigues que, si vols tornar, la porta serà sempre oberta"*. Això fa créixer tota la família en respecte i amor. No es tracta de ser bons, sinó de respectar-nos buscant el millor per a la relació. Verifica-ho.

Propostes d'entrenament

1. Abans d'ajudar a ningú, pregunta't si es compleixen els tres requisits de l'ajuda.

2. En qualsevol relació on hi hagi conflicte, observa si has trencat alguna de les tres pautes de les relacions educatives. En aquest cas, actua d'una manera diferent.

3. Reprogramació mental. Repeteix-te fins que ho integris: ***Ser bo i patir per això no és un valor***.

Recorda:

No persegueixis la bondat, sinó ser just, ser justa

15a Creença Falsa

La sinceritat és un valor

"Si les teves paraules no milloren el silenci, calla"

– Proverbi àrab –

Què ens va portar a creure en aquest error?

Ens van fer creure que la sinceritat era un valor i, per tant, era important ser sincer i **dir sempre el que pensàvem**, "tant sí com no".

Vam donar per fet que, en dir el que pensàvem, estàvem dient la veritat. Ens vam creure que si no érem sincers, mentíem i estàvem sent hipòcrites.

Encara que ningú no ens demanés l'opinió, la nostra tendència era expressar-la, especialment si alguna cosa no ens agradava. Ens ho justificaven dient que era una crítica constructiva.

Creure en això ens fa patir perquè:

Si els altres se senten agredits amb les nostres paraules, s'espatllaran les nostres relacions i augmentarà el nostre patiment.

Dir el que no ens agrada, en lloc d'aportar i unir, remarca el que ens separa i això augmenta els conflictes en les relacions. La persona sincera és la que sempre diu el que creu i, a més, es permet el luxe de criticar els altres per allò que creu que és incorrecte, i així perjudica totes les seves relacions.

Confonem la nostra opinió amb la veritat, quan són conceptes totalment diferents.

Davant d'una desavinença, com que no suportem la tensió de no expressar-la, explotem. Diem que és per sinceritat i pel bé de l'altre, però en realitat és perquè no ens sabem contenir. No hem après a respectar la diferència ni el dret dels altres a aprendre per si mateixos.

Aquesta falta de respecte portarà a l'agressió i això se'ns tornarà en contra.

Mentre pensem així, és inevitable patir. **Tota creença que no ens aporti pau interior i harmonia externa s'hauria de revisar.**

Quina informació de saviesa pot substituir aquesta creença falsa?

La sinceritat no és un valor. **Perquè alguna cosa sigui valuosa ho ha de ser tant per a qui la dóna com per a qui la rep.** Si tu expresses alguna cosa que per a tu és vàlida, però que no ho és per a la persona que l'escolta, llavors no és un valor. Per tant, si treus verí per la boca, no serà gaire beneficiós per a qui el rep...

Els valors interns són virtuts espirituals que et permeten tenir pau, harmonia, impertorbabilitat, claredat mental, alegria, entusiasme i totes les situacions internes satisfactòries. Quan els expresses, les altres persones se senten molt bé.

Quan tu agredeixes els altres amb les teves paraules, estàs mostrant la teva ignorància i les relacions es deterioren; per tant, la sinceritat, ni és una virtut ni és un valor, simplement és una limitació de l'ego, encara que sigui una expressió honesta de la teva ignorància.

La saviesa és saber **discernir què és el que millorarà la realitat: les paraules o el silenci**, sense confondre la teva opinió amb la veritat.

La crítica és expressar els teus desacords davant del que creus que està malament; però el que **és correcte**, en lloc de criticar, és avaluar, és a dir, buscar sense jutjar el que es pugui millorar i **expressar-ho de manera que ningú se senti ferit**.

En les teves relacions, es tracta de sumar, no de restar. Si la sinceritat resta, substitueix-la per les paraules amoroses o el silenci en el moment just.

Abans de parlar, l'actitud sàvia és preguntar-te tres coses:

1. El que diràs, és veritat?, ho saps del cert?

2. Quan ho expressis, realment ajudarà a qui ho escolti?

3. I, finalment, és necessari dir-ho o el silenci millora la situació?

La saviesa és diferenciar entre l'opinió, que és una idea no verificada de la realitat, i la veritat. Aquesta és el que s'aprèn del que succeeix i sempre deixa pau, encara que sigui una veritat que sembli trista o dolorosa; si no deixa pau, no és veritat.

D'altra banda, també és savi apostar per dues virtuts: **la discreció i el respecte**. Discreció en el sentit de saber esperar el moment adequat per parlar o actuar i el respecte com la capacitat d'acceptar amorosament les diferències. Practicant aquestes dues virtuts, pots renunciar a ser sincera, a ser sincer.

Com pots verificar el que acabem de dir?

Si, per exemple, a una persona obesa que no t'ha demanat ajuda, li dius que no ha de menjar tant, l'estàs agredint, sota la disfressa de la sinceritat. Si a ella no li serveixen les teves paraules, no millorarà la seva salut, empitjorarà la seva autoestima i la vostra relació. Verifica-ho.

Si, en nom de la sinceritat, els dius als teus veïns tot el que no suportes del lloc on viviu i potencies el que hi ha de negatiu, deteriores les relacions de veïnatge. Verifica-ho.

Si la teva manera de fer amics és, davant de qualsevol diferència, per sinceritat, "cantar les quaranta" sense "pèls a la llengua", no t'estranyi que estiguis més sol que la una. Verifica-ho.

Propostes d'entrenament

1. Abans de parlar, pregunta't si milloraràs la relació. Si decideixes callar, mira el teu silenci com una mostra d'amor que ofereixes a l'altra persona, no com una cosa que li amagues.

2. Davant les paraules inadequades d'una altra persona, ofereix-li l'amor de la teva discreció: parla o actua quan les paraules o l'acció us beneficiïn. No insultis si t'insulten. Serà un entrenament meravellós.

3. Utilitza la reprogramació mental, repetint-te: ***Que les meves paraules sempre siguin amables per als altres.***

Recorda:

Busca dir el que sigui adequat de manera oportuna

16a Creença Falsa

És normal mostrar l'enuig on hi ha confiança

"Qui comparteix alegria, recull alegria"

– Daniel Gabarró i Nieves Machín –

Què ens va portar a creure en aquest error?

En realitat, ens van dir ben poca cosa sobre els sentiments. Però els actes dels adults ens mostraven el que sí que era correcte.

De petits, en alguna ocasió, ens van castigar, ens van cridar, ens van ignorar, ens van ridiculitzar. D'aquesta realitat vam aprendre que **amb les persones properes podíem compartir tot el que sentíem**, inclosa la ira, la ràbia, l'enuig... De fet, a la nostra infància, alguns adults tenien tendència a maltractar els nens gairebé com una venjança, com una manera de treure's de sobre les tensions que vivien mentre que, amb els estranys, mantenien un respecte molt superior. Això també podia passar entre els nostres pares: si havien tingut un dia dur, de vegades el pagaven amb la família.

Algunes persones, fins i tot, van arribar a pensar que els crits i els insults eren una mostra d'amor i la millor manera d'educar a qui estimem; d'aquí ve la dita "la confiança fa fàstic", perquè veiem normal mantenir les formes davant dels estranys i desfogar-nos amb els éssers estimats arribant a l'extrem de faltar-los el respecte.

Creure en això ens fa patir perquè:

Quan ens expressem des de sentiments desagradables com la ràbia, l'enuig, etc. tenim tendència a maltractar els altres i, esclar, això se'ns torna en contra.

A més, si ens acostumem a manifestar emocions o sentiments desagradables cap als altres, els multiplicarem, ja que a allò que prestem atenció, s'expandeix. D'aquesta manera, estarem augmentant el que és desagradable. Com es diu: "D'on hem tret la idea que perquè un nen es porti bé primer hem de fer que se senti malament?"

Per si no fos prou, amb aquestes expressions emocionals trenquem la confiança amb les persones amb qui ens relacionem. **Quan les agredim, les animem a fugir, a agredir-nos o a tancar-se**. Volem això de les persones que estimem? Volem això de les persones del nostre entorn? O preferim que vulguin estar a prop pacíficament i amb confiança?

Mentre pensem que mostrar els sentiments desagradables és normal, serà inevitable patir. **Tota creença que no ens aporti pau interior i harmonia externa s'hauria de revisar**.

Quina informació de saviesa pot substituir aquesta creença falsa?

L'actitud de saviesa és expressar davant dels altres només les emocions i els sentiments que milloren les relacions, en un entorn adequat, sense agredir a ningú i alliberant-te de les que les puguin espatllar. Així pots cuidar de tu i de les persones que t'envolten.

Per descomptat que pots tenir sentiments desagradables, però has d'aprendre a gestionar-los i a saber quan, on i com s'han d'alliberar perquè millorin la teva vida. Algun dia, quan deixis de lluitar contra la realitat i aprenguis a acceptar amb comprensió, deixaràs de tenir sentiments desagradables. Mentrestant, és important aprendre a gestionar-los sense culpar, ni culpar-te, sense agredir, ni agredir-te.

Mentre una **emoció** té un origen biològic o instintiu, els **sentiments** apareixen com un judici a la realitat, el seu origen és mental. L'atracció sexual davant d'una persona o la gana són emocions. El que sorgeix quan jutgem aquesta atracció o el menjar, són sentiments.

Per tant, encara que els **sentiments** puguin ser desagradables, no són mai negatius. Al contrari, són molt positius i útils perquè ens poden ajudar a coneixe'ns internament. En aquest sentit, l'actitud de saviesa és reconèixer que **els sentiments desagradables serveixen per conèixer les teves limitacions i superar-les, però no per relacionar-te**.

Com pots verificar el que acabem de dir?

Comprova que quan mostres l'enuig i maltractes les persones que estimes, les relacions deixen de ser harmonioses. Pot ser que hi estigueu acostumats, però no són agradables. Verifica-ho.

Constata que quan comparteixes sentiments agradables amb algú, les relacions milloren. Igual que existeixen els cercles viciosos, existeixen els cercles virtuosos, que es retroalimenten. Verifica-ho.

Adona't que, per a algunes persones, maltractar és normal; en canvi, unes altres no ho permeten en la seva vida. Decideix el que tu vols a la teva vida. Verifica-ho.

Propostes d'entrenament

1. Escull un lloc on l'ambient pugui millorar (feina, família, gimnàs, escola...). Pensa i expressa sempre el millor, evita mostrar-hi sentiments i pensaments desagradables. T'estaràs entrenant per treure el millor de tu i comprovaràs la millora en l'ambient al cap de poques setmanes. Després ho podràs portar a un altre lloc.

2. Busca un lloc adequat on puguis alliberar els sentiments desagradables: al bosc, en una habitació de casa teva, dins del cotxe quan viatgis sol o sola, fent esport,

ballant, escrivint... L'important és que deixis sortir físicament i verbalment el que et produeix desgrat en un espai segur, sense agredir a ningú i d'una manera conscient, sense identificar-t'hi. Així t'entrenaràs en la gestió de les teves pròpies emocions i sentiments.

3. Et recomanem que practiquis sovint la següent reprogramació mental: ***Els sentiments són per coneixe'm, no per agredir els altres. Ningú no té la culpa del que sento***.

Recorda:

Comparteix allò que vulguis multiplicar a la teva vida

17a Creença Falsa

L'amor és un sentiment

"L'amor és el significat últim de tot el que ens envolta. No és un simple sentiment, és la veritat, és l'alegria que està en l'origen de tota creació"

– Rabindranath Tagore –

Què ens va portar a creure en aquest error?

Milers de cançons, pel·lícules, contes, mites i llegendes afirmaven que l'amor és un sentiment. Va ser com una pluja fina que va anar calant dins nostre. A més, com que estava present en tota la cultura, la seva omnipresència va facilitar que en ho creguéssim del tot.

Ens van dir que les persones estimades ens despertarien papallones a l'estómac i que, si estimàvem algú, havíem de tenir sentiments intensos cap a ell o cap a ella. Quan algú s'enamorava, tothom el felicitava: tenia una cosa molt valuosa en si mateix!

És més, ens van dir que si no estàvem enamorats o enamorades, volia dir que no estimàvem la nostra parella.

Pel que fa a la família, també ens van fer creure que l'amor és un sentiment. **Havíem de sentir sempre coses boniques davant dels nostres parents** i dissimular si no era així, per no anar en contra del que està ben vist!

Ens van fer creure que **només era possible estimar als qui ens queien bé**, perquè quan algú ens cau malament és la prova que no l'estimem.

Així que ens ho vam creure fermament i, a dia d'avui, encara hi ha milions d'adults que viuen en aquest error.

Creure en això ens fa patir perquè:

No som capaços de sentir coses boniques per tothom i mentre això no sigui així, qualsevol persona que ens sembli difícil d'"estimar" ens generarà malestar.

També patim perquè vivim la dualitat, és a dir, **un conflicte permanent entre els que estimem i els que no**.

A més, si t'estimo i no em correspons o canvia la relació, tindré tendència a odiar-te; d'aquesta manera s'espatllen les relacions.

D'altra banda, en creure que l'amor és un sentiment –canviant per naturalesa– fa que el nostre amor sigui inestable. Serem com una banderola.

Com que necessitem que els sentiments d'amor "es produeixin", sempre **dependrem de l'exterior**: d'una mitja taronja, d'una mostra explícita d'afecte... D'aquesta manera, **tendirem a sentir-nos incomplets, ja que creiem que l'amor ha de venir de fora, però és que res exterior pot ser etern**.

La lluita perquè ens estimin implicarà un important desgast energètic, un demanar contínuament perquè ens donin allò que creiem necessitar, que ens despertin el que hem de sentir com a mostra d'estar estimant.

Mentre pensem així, és inevitable patir. **Tota creença que no ens aporti pau interior i harmonia externa s'hauria de revisar**.

Quina informació de saviesa pot substituir aquesta creença falsa?

L'actitud de saviesa és descobrir que **l'amor surt de tu** i, per tant, aprendre a ser feliç per tu mateix, per tu mateixa, i alegrar-te per la felicitat de les altres persones. L'actitud de saviesa és comprendre que amor és buscar el meu màxim bé i el màxim bé dels altres. I això **és una decisió**, no és un sentiment. I aquesta decisió la puc mantenir per tothom: l'amor com a decisió universal.

Si mantens la decisió d'estimar, obtindràs resultats satisfactoris en la teva vida, encara que no siguin immediats. Ens serveix d'exemple la història que expliquen del bambú japonès, que triga uns set anys a germinar i després creix d'una manera espectacular, més de 30 metres, però si deixes de regar la llavor, no creixerà. Si deixes d'estimar-te i deixes d'estimar els altres, l'amor s'esllanguirà a la teva vida. A la vida quotidiana, moltes vegades vols trobar solucions ràpides i èxits immediats, sense entendre que l'èxit és simplement resultat del creixement intern i que aquest requereix temps. Si no aconsegueixes el que anheles, no desesperis... potser només estàs arrelant.

L'actitud de saviesa és comprendre que **si busco el teu bé, és igual els sentiments que tingui: t'estaré estimant.** I també el contrari: si no busco el teu bé, no t'estaré estimant. L'amor, per tant, no té a veure amb el que sents, sinó a buscar el teu bé i els dels altres.

L'amor **és una comprensió total de l'Univers**, on tot té la seva explicació. Quan et comprenc, només et puc estimar. Potser jo actuaria diferent, però et comprenc i et respecto, vull el teu bé: t'estimo.

Socialment creus que pel fet d'enamorar-te ja estàs estimant; creus que pel fet de ser pare i fill ja us estimeu, i no és cert. L'amor existeix en tu, però si tu no treballes en la teva comprensió, no el pots expressar. És un aprenentatge, un entrenament. L'amor és, doncs, una eina, una virtut interna a desenvolupar. **Es pot aprendre a estimar**.

L'amor està per sobre del sentiment. És una acceptació total. No té dualitat, és neutre i això et porta més enllà del patiment, et porta a viure en una pau contínua.

Estimar implica la capacitat d'acompanyar una altra persona i donar-li el que necessita, però sense fer teves les seves limitacions. Patir per un altre, no l'ajuda. No és una mostra d'amor.

No necessites que algú t'estimi per estimar-lo. L'amor s'expressa des del teu interior. L'amor és com el coneixement: tant és quanta informació et donin altres persones si no la fas teva, si no la integres; els altres no et poden donar comprensió, ets tu qui l'assoleix dintre teu.

En l'amor passa el mateix: les persones et poden estimar i estaran plenes d'amor cap a tu; però fins que tu no les estimis a elles, tu no tindràs amor en el teu interior.

Naturalment, és més fàcil estimar quan et cuiden, et protegeixen, et miren amb afecte... però fins que tu no trobes l'amor en el teu interior, no el pots viure.

Per aprendre a estimar els altres, cal compartir amb persones que tenen comportaments molt diferents als teus, per aprendre a acceptar-los i a respectar-los tal com són. Aquest és el sentit de la frase “estimaràs els teus enemics”: fer créixer el teu amor.

Per entendre el veritable significat de l'amor i saber com expressar-lo amb saviesa, tot seguit enumerem, en una versió molt reduïda, **les 7 eines de l'amor, de Gerardo Schmedling Torres**, que s'han d'aplicar tant a un mateix, a una mateixa, com als altres i representen 7 renúncies a l'ego:

ACCEPTAR: renuncia a intentar canviar els altres i, en lloc d'això, treballa només sobre tu mateix/a.

ACTUAR: renuncia a agredir o a agredir-te de pensament, paraula o obra.

ADAPTAR-SE: renuncia a fugir del lloc i de les situacions que et corresponen viure, però no et busquis problemes expressament.

AGRAIR: renuncia a patir davant les dificultats, comprèn que tenen un profund propòsit d'amor per alliberar-te de les teves limitacions.

ASSUMIR: renuncia a culpar a res ni a ningú pel que et passi o et deixi de passar.

RESPECTAR: renuncia a criticar, desqualificar, jutjar, condemnar i castigar a ningú per qualsevol motiu, perquè comprens que cada persona fa el millor que pot amb el màxim que sap, i tu no ets ningú per jutjar-la.

VALORAR: renuncia a queixar-te del que tens, si no valores el que tens estàs en camí de perdre el que necessites.

Per ampliar aquesta informació i poder entendre el seu significat, et recomanem veure el curs en línia de Daniel Gabarró, *Les 7 eines per millorar les teves relacions*, disponible a l'enllaç següent: *campus.danielgabarro.cat*.

Els autors d'aquest llibre en volen escriure un altre, breu i clar, per aprendre a estimar. Si el tema t'interessa, pots deixar les teves dades a *danielgabarro.cat* perquè t'avisin quan surti.

Com pots verificar el que acabem de dir?

Observa't a la vida quotidiana quan, de vegades, interfereixes en la vida dels altres. Comprova com la teva intenció no sempre és la de buscar el màxim bé de l'altre, sinó la de fugir del patiment que desperta en tu la seva actuació. Per exemple, si estimes realment el teu avi, que està greument malalt però totalment lúcid i ha decidit, després de meditar-ho, que no es vol prendre la medicació que li ha receptat el metge, respectaràs la seva decisió. Obligar-lo a prendre la medicació seria egoisme disfressat d'amor, perquè en el fons tu et vols evitar el patiment, però no respectes la llibertat del teu avi. Verifica-ho.

Si realment estimes els teus fills o filles, no els compraràs tot el que et demanen, ja que així no aprenen a esforçar-se per aconseguir les coses per ells mateixos, no aprenen a aplicar la compensació, ho exigeixen tot sense donar res... i tot això els perjudica. L'amor és neutre, i tots els pares i mares volen el millor per als seus fills, encara que, de vegades, confonem "el millor" amb donar-los-ho tot: el que necessiten i el que no necessiten. Verifica-ho.

Si estimes la teva parella, seràs feliç amb la seva felicitat i si ell o ella necessita compartir la seva relació amb una altra persona, ho permetràs si la veus feliç, sent capaços d'arribar a acords admesos per tots dos que millorin la relació de parella. I si no és possible recuperar la relació de parella de manera que sigui satisfactòria per tots dos, estimar és finalitzar aquesta relació volent el màxim bé per a tu i desitjant-li el millor a l'altra persona: sense venjances, sense odi, sense rancor, amb absoluta comprensió. Verifica-ho.

Propostes d'entrenament

1. Per comprendre que l'amor neix de tu, fes la visualització següent: imagina't una persona a qui estimes davant teu. Envia-li tot el teu amor. Incrementa –com si estiguessis apujant un termòstat– l'amor que li envies ("desitjo intensament que siguis feliç"). Observa que l'amor surt de tu cap a la imatge de la persona. Observa que la persona no hi és: només és una fantasia, però l'amor sí que és real. Així hauràs verificat que l'amor està en tu, no ve de fora. Si practiques això sovint, potenciaràs la teva capacitat d'estimar al marge de les dificultats exteriors.

2. Quan estimes algú (ja que has decidit voler el seu màxim bé) i aquesta persona fa alguna cosa que et disgusta, observa els teus sentiments contraposats dintre teu. I, malgrat això, esforça't a continuar mantenint la promesa de voler el seu bé. Estaràs incrementant la teva capacitat d'estimar i verificant que no és un sentiment, sinó una decisió, una capacitat.

3. Per reeducar la teva ment, et proposem un exercici de reprogramació mental. Repeteix-te, mirant persones del carrer, de la feina, del tren, de l'autobús...: ***M'estimo i us estimo: sigueu feliços i felices, jo també seré feliç.***

Recorda:

L'amor és universal, neutre, invulnerable i invariable

18a Creença Falsa

Si estimes, patiràs

"L'amor és goig. Si no és goig, no és amor"

– Nieves Machín i Daniel Gabarró –

Què ens va portar a creure en aquest error?

També en aquesta creença la cultura va tenir un paper fonamental. Gairebé tots els referents en contes, mites, cançons i pel·lícules que parlaven d'amor, van normalitzar el **patiment com a demostració d'amor vertader.**

El concepte que va anar unint estimar i patir era que quan estimàvem algú, havia de fer el que nosaltres esperàvem; per tant, estimar algú volia dir que fos a "imatge i semblança seva", era "dominar-lo" a distància. D'aquí vénen les expressions: és "el meu" home, "la meva" dona, "tu ets meva i de ningú més", "conquistar" una dona, "caçar" un marit...; l'amor es convertia en possessió i en anul·lació de l'altre, en patiment quan no feia el que volíem

Només cal veure les lletres de cançons com "sin ti no soy nada","jo ho espero tot de tu", "duele el amor sin ti, duele hasta matar", "sense tu jo no sóc ningú", "seré tot el que tu vulguis", "si tú me dices ven, lo dejo todo"... i altres frases habituals entre parelles: "amb tot el que he fet per tu", "què t'he fet perquè te'n vagis de casa?", etc.

Potser no ens van dir mai explícitament que havíem de patir com a mostra d'amor, però sí que **ens van dir que érem insensibles si no teníem gelos o no patíem en certes situacions**; ens van dir que "si no tens gelos és que no t'importo", així que vam decidir patir pensant que això era amor i que era el "normal".

Les dones van tenir ració doble d'aquesta creença. Moltes van creure que si no patien pels seus fills o filles, eren males mares. Aquesta creença va entrar molt profundament en el nostre cor.

Creure en això ens fa patir perquè:

Si pensem que l'amor porta amb si el patiment, ho veiem normal. **No podrem sortir d'aquest cercle viciós** perquè si no patim creiem que no estem estimant i que som egoistes o indiferents.

Perquè si per no patir, forcem les persones "estimades" a estar amb nosaltres com desitgem, començaran a sentir que viuen en una presó. A més, quan sorgeixin els gelos, tendirem a prohibir moltes coses, de manera que limitarem la nostra relació i generarem un munt de problemes.

Mentre creguem en el que diu la cultura i les seves cançons, patirem, perquè nosaltres, com a persones, no tindrem valor, no ens estimarem per nosaltres mateixes, dipositarem l'amor a fora i ens sentirem buides. És com si fóssim una planta en un test i no la reguéssim mai perquè estem esperant que ho facin altres persones. Així estarem perduts, pidolant amor. I aleshores, quan trobem algú que ens agradi, li saltarem al coll i l'ofegarem d'ànsia: una manera segura de continuar patint.

Mentre pensem així, és inevitable patir. **Tota creença que no ens aporti pau interior i harmonia externa s'hauria de revisar.**

Quina informació de saviesa pot substituir aquesta creença falsa?

L'actitud de saviesa és **renunciar a patir per començar a estimar, perquè si pateixes vol dir que no estàs estimant.**

Si prenc la decisió de deixar de patir davant d'allò que no puc fer, davant de les dificultats, davant del que crec que pot succeir... aleshores podré començar a estimar.

El patiment és una resistència a acceptar per causa d'una manca de comprensió, d'una manca d'amor. La comprensió i l'amor són sinònims: **si et comprenc, t'estimo. Si t'estimo, et comprenc**.

El patiment és útil per coneixe't, per adonar-te de les teves limitacions i d'allò que et falta per aprendre, però no és útil per estimar. És més, el patiment és absència d'amor, de comprensió i de saviesa.

Una vegada comprens com funciona la vida i saps que has nascut per aprendre a ser feliç, a tenir pau i a estimar (a nosaltres mateixos i als altres), el patiment és inútil. Una vegada que has après a caminar, continuar gatejant és innecessari.

L'ésser humà poc evolucionat utilitza eines de l'instint. En un segon nivell, utilitza les eines del sentiment. I, finalment, per evolucionar, fa un pas més i pren la decisió d'utilitzar les eines de l'amor per deixar de patir i gaudir sempre estimant. La saviesa és prendre aquesta decisió.

L'amor és acció conscient, no és inacció. Patir no és necessari, però és inevitable si s'ignoren les eines de l'amor i el seu veritable significat. A ningú "li toca" patir, tu pateixes per ignorància i per manca de comprensió.

L'amor no brota espontàniament, sinó que requereix fer un treball intens, voluntari i constant sobre tu mateix, sobre tu mateixa. No és una lluita contra els altres, ni contra les circumstàncies que t'envolten, sinó una **ferma decisió de treball interior**, per alliberar-te de les teves pròpies limitacions i així poder expressar l'amor que hi ha en tu.

Com pots verificar el que acabem de dir?

Si estimes el teu cos, cuidaràs la teva salut sense torturar-te, sense fer coses que et facin patir, en perfecte equilibri. Verifica-ho.

Si estimes la teva família, els teus fills, els teus amics... respectaràs totalment les seves decisions i els acceptaràs tal com són, sense intentar canviar-los, sempre amb un respecte mutu. Verifica-ho.

Si estimes el teu entorn, no patiràs si hi ha alguna cosa que no t'agrada. Comprendràs que això serveix per a la teva evolució. Ho aprofitaràs com a oportunitat per ser flexible, estimar i ser feliç. Així t'aniràs fent corresponent amb un entorn cada vegada més agradable. Verifica-ho.

Propostes d'entrenament

1. Et proposem que practiquis l'eina d'amor de l'agraïment, renunciant a patir. Ho pots fer en un dejuni verbal d'un dia i, conforme vagis veient els resultats positius, intenta ampliar el dejuni verbal a uns quants dies, fins que es converteixi en un hàbit en tu. El dejuni verbal consisteix a renunciar a dir qualsevol expressió de crítica, de condemna, de judici, de desqualificació. Encara que vegis alguna cosa criticable, intenta no dir-ho i veuràs com milloren les teves relacions i la teva pau interior en augmentar el respecte cap als altres i així disminuir els conflictes. Quan aconsegueixis fer el dejuni verbal, si et resulta fàcil, pots passar al dejuni mental a fi que els teus pensaments només siguin pensaments d'amor.

2. Quan pateixis, busca què és el que no estàs entenent i intenta comprendre què seria, en aquella situació, desitjar el millor... i fes-ho!

3. Com a exercici de reprogramació mental, et suggerim que et repeteixis aquest pensament fins que el tinguis integrat: ***Estimar és desitjar el millor i en el millor no hi ha patiment***.

Recorda:

Estimar és desitjar el millor: aquí no hi ha patiment

Quart bloc de creences falses

Sobre la lluita del bé contra el mal

19a Creença Falsa

Lluita contra el mal, defensa el bé

"La foscor no existeix, només hi ha més o menys llum. El mal no existeix, només hi ha més o menys saviesa"

– Nieves Machín i Daniel Gabarró –

Què ens va portar a creure en aquest error?

Tota la nostra cultura es construeix creient en la lluita contínua entre el bé i el mal. Això ens porta a creure que és el "normal" i que les dues coses existeixen *per se*. Ho veiem a les pel·lícules, als contes, als mites, a les llegendes... **sempre la història del bé lluitant contra el mal!**

Ens van dir que nosaltres estem a la banda del bé. I que ho hem estat sempre. Però també ens van dir que **hi ha dolents i que cal lluitar-hi en contra**. Que si no lluitem, la nostra vida serà molt pitjor i hi haurà conseqüències terribles.

Van definir tota una col·lecció de persones, de països, d'ideologies... com a malvades. D'aquesta manera, els enemics són socialment compartits i la pressió social ens ho recorda contínuament. Sense voler, ens ho hem cregut.

Ens van dir que la violència, ben utilitzada, és sàvia. Ens van dir que tenim dret a utilitzar-la contra els altres en defensa pròpia i com a mal menor. També ens van parlar de guerres santes. Vam creure que **certes violències estan justificades**. Lògicament, les nostres són les bones. Les dels altres, són les dolentes contra les quals cal lluitar.

També ens van dir que **no lluitar contra el mal era insolidari i de covards**. Ens van fer creure que en certes ocasions el nostre honor estava vinculat a la defensa violenta.

Creure en això ens fa patir perquè:

Si creiem que el mal existeix, ens obliguem a lluitar-hi en contra. **Omplim la nostra vida de violència** i desgastem la nostra energia contínuament, ens esgotem.

A més, no ens centrem en el que és positiu, sinó en el que és negatiu fent-ho creure... i quedem atrapats en una lluita contínua!

Creure aquesta idea errònia, porta la violència a qualsevol lloc on anem. **Ens resulta impossible estar en pau: la guerra està en el nostre interior**.

Quan creiem que el mal existeix, també acabem creient en l'existència d'éssers totalment i absolutament malvats. I pensem que nosaltres som diferents: ens creiem superiors i bons. En conseqüència, hem de lluitar-hi en contra. Ens impedim posar-nos en el seu lloc i desenvolupar l'empatia. Ens impedim aprendre.

En confondre la saviesa i la valentia amb violència, la repetim contínuament a les nostres vides, ja que creiem que aquesta violència és un valor.

Mentre pensem així, és inevitable patir. **Tota creença que no ens aporti pau interior i harmonia externa s'hauria de revisar**.

Quina informació de saviesa pot substituir aquesta creença falsa?

L'actitud de saviesa és comprendre que **no existeix la maldat, sinó la ignorància**.

L'actitud de saviesa és comprendre que **cada persona creu tenir raó i hi actua en conseqüència**, pensant que la seva acció és justificada i correcta des del seu punt de vista. La saviesa, doncs, és no considerar enemic algú que pensa diferent de tu, encara que pugui estar equivocat, ja que també tu t'equivoques. De fet, necessites equivocar-te per aprendre. Lluitar contra qui està desencaminat en lloc de pensar formes sàvies d'ajudar-lo a entendre, és retardar l'arribada de la saviesa.

A més saviesa, més bones són les relacions. **No has de lluitar contra els errors, sinó potenciar-ne l'aprenentatge**: el teu i el dels altres. És absurd lluitar contra el mal perquè no existeix. En augmentar la saviesa en el món, la transformació serà inevitable. Si ajudes expandint informació de saviesa, es reduiran els conflictes i el patiment.

Enriqueix el teu món amb comprensió i saviesa! Deixa de lluitar contra el mal.

Tot el que succeeix és perfecte i necessari. Perfecte perquè ens dóna l'oportunitat d'aprendre el que no saps: això és un propòsit d'amor. Necessari perquè, si no saps alguna cosa, l'has d'aprendre i, per això, hauràs de passar per l'error de la teva ignorància. **La saviesa és filla de l'experiència; sense errors, no pots aprendre.**

La valentia no és lluitar, sinó desitjar aprendre, malgrat les dificultats que et trobis. Ser valents és abraçar la vida que et toca viure fins que sàpigues viure-la amb saviesa i, per tant, generant resultats de felicitat.

La defensa pròpia no es refereix a la violència física, sinó a defensar l'essencial i fonamental: la teva pau interior. Qualsevol cosa que et porti a perdre la pau interior, no és una defensa, sinó un atac que et fas a tu mateix, a tu mateixa.

Com pots verificar el que acabem de dir?

Les malalties no són càstigs, són conseqüències d'un mal funcionament físic o mental, que t'avisa que hi ha alguna cosa en el teu interior que has d'atendre per intentar comprendre'n l'origen i resoldre'l, si és possible. Si no és possible, també comporten una gran possibilitat d'aprenentatge que no es pot ignorar perquè, si encara no hi ha solució en la societat actual per a aquesta malaltia, només pots aprofitar-la per créixer en saviesa. Verifica-ho.

Mai saps si el que et passa serà "bo" o "dolent". De fet, darrere de qualsevol aparent dificultat, sempre hi ha l'oportunitat d'un aprenentatge interior. Vist des d'aquest punt de vista, tota dificultat és una benedicció si se sap aprofitar. Si, per exemple, et roben la cartera, immediatament penses que és dolent perquè no t'adones que pots aprofitar aquesta ocasió per aprendre, per exemple, a tenir més cura en alguns llocs o amb algunes coses. Verifica-ho.

Tu no has actuat sempre amb saviesa. Recorda les moltes vegades que has agredit altres persones sense voler o, fins i tot, conscientment. Ho has fet perquè creies que tenies raó, que tenies dret a actuar així, a venjar-te, a reparar el mal que t'havien fet, o perquè havies perdut el control... Per tant, pots comprendre que les altres persones també actuen creient que tenen raó o perquè perden el control. No importa que siguin sàvies o ignorants, creuen que tenen raó com tu també ho creies. Verifica-ho.

Propostes d'entrenament

1. Et recomanem que t'apuntis en una llibreta les coses que facis en els pròxims dies i que altres persones es prenguin malament. Observa que vas actuar pensant que era correcte, però des del punt de vista dels altres, vas ser dolent, vas ser el seu enemic. T'estaràs entrenant en la comprensió que el mal no existeix.

2. Imagina alguna cosa que no podries perdonar a ningú, per exemple, algú que abusi dels teus fills. Ara imagina que la policia arriba a casa teva i que deté els teus fills, perquè són ells els qui han abusat d'altres. Oi que, tot i així, pots continuar mirant-los amb amor, pensant que necessiten ajuda per millorar aquesta actitud? Aquesta mirada que només aplicaves a les persones estimades, ara la pots intentar aplicar a totes les persones.

3. I, per acabar, et recomanem la nostra eina preferida: la reprogramació mental! Repeteix-te tantes vegades com calgui, el següent: ***Cada persona fa el millor que pot amb el màxim que sap***.

Recorda:

Mentre creguis en el mal, la teva vida s'omplirà de violència

20a Creença Falsa

Subleva't contra la injustícia

"Cada societat és un reflex exacte del seu nivell de consciència; en això no hi ha ni justícia ni injustícia"

– Daniel Gabarró i Nieves Machín –

Què ens va portar a creure en aquest error?

Ens van dir que **la vida està plena d'injustícies**, que no és justa i que havíem de **lluitar per restablir la justícia.**

També ens van dir que si permetíem que la injustícia s'apoderés del món, entraríem en un caos, en una etapa fosca de molt patiment. Si no hi lluitàvem en contra érem cruels, insensibles i covards. A més, **ens convertíem en còmplices, en malvats.**

Ens van dir que **la realitat milloraria gràcies a la lluita tenaç contra la injustícia** i que, per tant, estiguéssim disposats a **donar-ho tot pels nostres ideals**, fins i tot la vida.

Creure en això ens fa patir perquè:

Si creiem que el que ens passa és injust, patim inevitablement, **vivim com una víctima innocent davant d'alguna cosa que no hauria de passar.**

Quan convertim la nostra vida en una lluita, encara que sigui per ideals molt justos, el patiment és inevitable i interminable.

Com que la societat va evolucionant, sempre es pot anar més enllà. Si lluitar per la justícia és la idea de partida, ens trobarem en un camí infinit, **que no es camina amb plaer, sinó com una obligació i un sacrifici**; una lluita dolorosa.

Creure en la injustícia ens omple d'odi i de ganes de venjar-nos. Creure en la injustícia ens converteix en justiciers, ens dóna una excusa per actuar amb agressivitat.

Mentre pensem així, és inevitable patir. **Tota creença que no ens aporti pau interior i harmonia externa s'hauria de revisar.**

Quina informació de saviesa pot substituir aquesta creença falsa?

L'actitud de saviesa és saber que **no existeix la injustícia, sinó una realitat que et correspon en funció del teu nivell de saviesa.** No és injust estar a primer curs d'una carrera universitària en lloc d'estar a l'últim curs com t'agradaria, si encara no has superat les assignatures dels cursos anteriors.

L'actitud de saviesa és aportar informació perquè les persones puguin transformar la seva pròpia realitat. Ningú no pot transformar la realitat d'un altre si aquest altre no vol: només pots canviar la teva pròpia vida. Per transformar la teva vida, necessites informació de saviesa. Quan la tens, el teu món canvia. En ser sàvia o savi, et fas corresponent a una altra realitat.

És inevitable que, des de la ignorància, et correspongui viure en una realitat incòmoda. Però no vol dir que sigui injusta, al contrari: és exactament la que necessites per aprendre.

La injustícia no pot existir sense el mal. El que sí que existeix són conseqüències desagradables de la teva ignorància. Per tant, **t'has de fer corresponent a la realitat que vols viure assumint la informació que et doni accés a aquesta saviesa**.

Amb la lluita augmentes el teu patiment i no millora res a la teva vida. En canvi, des de la comprensió, sí que la pots millorar. No s'ha de lluitar contra el que està morint, sinó potenciar el que està creixent; de la mateixa manera, no s'ha de lluitar contra el que no t'agrada de tu (ràbia, rigidesa mental...) **sinó potenciar els teus valors i les teves qualitats**. Tot té una funció d'aprenentatge, un propòsit d'amor i, per tant, ha de ser respectat perquè qui hagi d'aprendre, ho pugui fer. No és injust. És un procés de creixement a partir d'una oportunitat d'aprenentatge.

A més, quan comprens profundament una situació i entens el seu propòsit d'aprenentatge, la pau interior és inevitable.

Si deixes de creure en la injustícia i **fas el que toca**, el que et correspon, el teu món s'omplirà d'amor. Això no vol dir que hagis d'acceptar, sense fer-hi res, la violència d'altres persones cap a tu. **Has d'aprendre a gestionar amb saviesa les situacions, allunyar-te'n o expulsar-les de la teva vida si cal; però sense odi**, sense creure que és injust. Simplement és el més savi davant de certes situacions. **Es tracta d'actuar sense lluitar** per augmentar la saviesa. **L'Univers no respon a la inèrcia**: si no actues, res no millora.

El que anomenem injustícia és una oportunitat per comprendre i oferir més saviesa.

Com pots verificar el que acabem de dir?

Quan durant molt de temps menges i beus aliments inadequats, o ho fas en excés, el teu cos emmalalteix. No és injust, és una correspondència, és un resultat de la teva ignorància. Verifica-ho.

Si un amic no et convida més a dinar a casa seva, després d'haver-te queixat i d'haver criticat el menjar que et va donar en una altra ocasió, no hi ha cap injustícia. És normal que no t'hagin tornat a convidar. No t'has fet corresponent a aquest tipus de relació. Verifica-ho.

Quan un partit polític diferent del teu guanya les eleccions i aplica accions que tu no comparteixes, no és una injustícia, simplement hi ha una majoria de persones que veuen el món diferent de tu. Mentre el continuïn veient així, continuaran actuant de la mateixa manera. Verifica-ho.

Propostes d'entrenament

1. Sigues amable amb tothom, al marge que consideris que algunes persones s'equivoquen o no.

2. Si creus que alguna cosa es pot millorar, fes-ho. Però no jutgis com a injustos als qui tenen una altra visió perquè encara no han arribat a lloc, tots anem aprenent gradualment. Per exemple, si estàs en contra del maltractament animal, potser t'agraden els toros o menges pollastre de tant en tant, encara que sembli una incongruència absoluta. Enfoca la teva energia a decidir què és el que vols millorar i porta-ho a terme.

3. Davant d'una situació que costi molt d'entendre, repeteix: ***Cada persona actua tan bé com sap i fa el que pot segons la seva experiència i el seu aprenentatge.***

Recorda:

No existeix la injustícia, vivim el que ens correspon pel nostre nivell de saviesa individual i col·lectiu

21a Creença Falsa

Hem de castigar els culpables

"Aferrar-se a l'odi és com prendre verí i esperar que l'altra persona es mori"

– Buda –

Què ens va portar a creure en aquest error?

Després de creure en el mal, va ser inevitable creure en els culpables: eren el que actuaven malament. I aleshores ens van dir que, si no els castigàvem, no aprendrien la lliçó i continuarien fent el mateix. Ens deien que **ajusticiar-los era el millor per a ells i per a la societat.**

Semblava que sense castigar els culpables no podríem aturar el mal, ben al contrari, **si castigàvem el culpable podríem viure en pau** i la societat seria pacífica i ordenada.

Per tant, **el càstig era una mostra d'amor i de saviesa perquè ho feien pel bé dels "culpables"**. Ens deien, quan els pegaven: *"em fa més mal a mi que a ells"* i per justificar el càstig, ens recordaven que *"qui bé et vol et farà plorar"*, *"la lletra amb sang entra"*...

D'alguna manera, ens van dir que **darrere de tota mala acció, hi ha una culpa que s'ha d'expiar** i els càstig ajudava a fer aquesta neteja.

I què es repetia a missa?: *"per la meva culpa, per la meva culpa, per la meva gran culpa..."* només ens faltava treure el fuet físicament i fustigar-nos, perquè mentalment ja ens castigàvem prou.

Creure en això ens fa patir perquè:

Castiguem pel bé dels altres i patim nosaltres. Els castiguem pels seus errors i així aprenen a enganyar-nos i a amagar-los, en lloc d'intentar superar-los. El resultat és que, sense adonar-nos-en, **els animem a fugir del càstig i els impedim aprendre**, i així repeteixen els mateixos errors, ja que no saben actuar de manera diferent.

Creient que el càstig és una cosa sàvia i bona, no el voldrem canviar i quan s'espatllin les relacions, no sabrem per què, ja que creurem que teníem raó quan actuàvem així.

Si creiem en el càstig, també tindrem tendència a maltractar-nos a nosaltres mateixos, i ens sentirem culpables davant dels nostres errors en lloc d'avaluar què podem aprendre per al futur. Amb aquesta creença no aprenem a tractar-nos amb tendresa.

Mentre pensem així, és inevitable patir. **Tota creença que no ens aporti pau interior i harmonia externa s'hauria de revisar**.

Quina informació de saviesa pot substituir aquesta creença falsa?

L'actitud de saviesa és ensenyar al que s'equivoca en lloc de culpar, perquè el culpable no existeix, existeix l'ignorant.

En lloc de càstig, necessites ensenyar, ja que el que es necessita és aprendre. No hi ha culpa, no hi ha culpables, **només comets errors i necessites aprendre a fer-ho millor**. Hi ha responsabilitat. Si tu ets responsable dels teus actes i no culpable, pots prendre'n consciència i corregir-los si així ho consideres necessari; des de la culpa només et pots fer petit o petita, angoixar-te i esperar el teu càstig “merescut”.

Quan t'equivoques, **els teus actes tenen repercussions de les quals te n'has de responsabilitzar i és quan aprendràs**. El que t'impedeix aprendre és que et protegeixin de viure les conseqüències dels teus actes.

No et centris en la teva culpa, ni a buscar culpables, **busca solucions. Aprendre dels errors és pedagogia de l'amor. Castigar els errors és pedagogia de l'horror**, és una venjança per una cosa que creus que s'ha fet malament, i no és una ajuda per ningú. Tu t'omples d'odi quan castigues i l'altra persona aprèn a odiar-te per haver-la maltractat.

Tothom té dret a equivocar-se, perquè tothom té alguna cosa a aprendre. La saviesa és adonar-se que només tu pots entendre això; per tant, **el que és savi és mirar als qui s'equivoquen sense odi ni culpa**. Si algú s'equivoca, has d'aprendre a gestionar aquest error, però sense culpar-lo. Tu ets responsable del que fas amb les teves equivocacions i amb les alienes que t'influeixen. Però sempre **has de recordar que tu no ets responsable del que els altres facin amb els teus desencerts**. Per exemple, tu has de gestionar els errors que els teus pares van cometre amb tu, però són els teus fills els qui han de gestionar els errors que tu has comès amb ells.

El que fas als altres, t'ho fas a tu mateix, a tu mateixa. Quan odies a l'altre, l'odi està en tu; quan estimes a l'altre, l'amor està en tu. Aquesta és la llei de causa i efecte. En el pla psicològic, com et relaciones amb els altres, és un reflex de tu mateix, de tu mateixa; no els ho fas només a ells, sinó també a tu. Per tant, quan castigues els altres en lloc d'ensenyar-los, t'estàs castigant a tu i això és una cosa que no t'ajuda mai.

Com pots verificar el que acabem de dir?

Si estàs contínuament castigant els teus fills o filles, es perd l'afecte, la confiança, l'harmonia, la pau... i la relació empitjora. Quan davant d'un error, s'ofereix una ajuda, la relació millora. En castigar els teus fills o filles, la seva autoestima disminueix perquè pensen que ho fan malament i aprenen a enganyar per esquivar el càstig, no aprenen, no se'n fan responsables. Verifica-ho.

Si dónes la culpa de la teva falta de recursos a la teva cap perquè et paga poc, en lloc d'intentar millorar la teva capacitat de servir i treballar amb el millor de tu en aquest o un altre lloc, el teu sou no augmentarà; al contrari, tindran ganes d'acomiadar-te. Verifica-ho.

Quan estàs malalt o malalta, és inútil culpar a res ni a ningú. L'important és buscar solucions i actuar amb eficàcia i serenitat. La culpa et fa sentir pitjor i no millora el teu estat; al contrari, l'empitjora. Verifica-ho.

Propostes d'entrenament

1. Quan algú cometi un error, pensa en com ensenyar-li donant-li la informació oportuna, i recorda que a tu també et va costar aprendre. Serà un meravellós entrenament d'amor.

2. Quan cometis un error, demana disculpes i intenta arreglar-ho, però repeteix-te fins que ho tinguis integrat: **No sóc responsable del que els altres fan amb els meus errors, només ho sóc del que jo faig amb els meus i amb els dels altres**. Sigues amable i comprensiu, comprensiva, amb tu, demana't perdó i corregeix l'error.

3. Quan estiguis a punt de culpar o de castigar algú, repeteix-te mentalment: ***Tothom té dret a cometre errors i tothom actua creient que té raó. Com el puc ajudar perquè entengui l'origen del seu error?***

Recorda:

No existeix la culpa, sinó l'error; per això es necessita ensenyança en lloc de càstig

Síntesi

Les creences falses i les seves veritables oposades

1. No siguis egoista: pensa en els altres!
   Ets la persona més important de la teva vida

2. Si penses que tens raó: no baixis del burro!
   Renuncia a tenir raó i hi sortiràs guanyant: aposta pel teu benestar

3. Seràs lliure quan facis el que vulguis!
   Seràs lliure quan assumeixis conscientment el resultat de les teves decisions

4. Si no t'agrada el que sents: canvia-ho!
   L'origen dels teus sentiments es troba en els teus pensaments

5. Tu em fas feliç
   Només jo em puc fer feliç

6. El que has comprat és teu
   No posseïm coses, només les administrem

7. Tu tens una família
   No ets amo de ningú: només l'amor ens pot unir

8. Tu pots canviar els altres
   Únicament et pots canviar a tu

9. Veus el món tal com és
   Tu veus el món tal com ets

10. El teu pensament crea la realitat
En el nivell d'evolució actual, et fas corresponent amb la realitat que vius, no la crees

11. Lluita per canviar la realitat
Comprèn la realitat i actua amb saviesa, no hi lluitis en contra

12. Els problemes són dolents: allunya-te'n!
El que anomenem problemes són oportunitats per aprendre

13. Si lluites, treballaràs en el que vulguis
Estima tot el que facis

14. Ser bo és una virtut
No persegueixis la bondat, sinó ser just, ser justa

15. La sinceritat és un valor
Busca dir el que sigui adequat de manera oportuna

16. És normal mostrar l'enuig on hi ha confiança
Comparteix allò que vulguis multiplicar a la teva vida

17. L'amor és un sentiment
L'amor és universal, neutre, invulnerable i invariable

18. Si estimes, patiràs
Estimar és desitjar el millor: aquí no hi ha patiment

19. Lluita contra el mal, defensa el bé
Mentre creguis en el mal, la teva vida s'omplirà de violència

20. Subleva't contra la injustícia
No existeix la injustícia, vivim en el que ens correspon pel nostre nivell de saviesa individual i col·lectiu

21. Hem de castigar els culpables
No existeix la culpa, sinó l'error; per això es necessita ensenyança en lloc de càstig

ASSOCIACIÓ FALSA

BONDAT: Jo els vull evitar les experiències de patiment

CASTIGAR: Ells han de pagar pel que van fer

CASTIGAR-SE: He de pagar la meva culpa, no em mereixo res

CRITICAR: Expressar els meus desacords davant el que crec que està malament

CULPA: Jo sóc culpable del que els està passant a ells

EXCLUSIVITAT: Alguna cosa o algú és només per a mi

INDEPENDÈNCIA: Ser lliure de fer el que jo vulgui

DOLENTS: Persones que tenen la intenció de fer mal

MORAL: Defensar el bé i lluitar contra el mal

PROBLEMA: Una cosa desagradable que s'ha d'evitar

SENTIMENTS: Patir per l'altre és tenir bons sentiments

ASSOCIACIÓ VERITABLE

DONAR INFORMACIÓ (servei d'amor): Jo els puc ensenyar a no patir davant la vida o a aprendre a prestar un servei

ENSENYAR: Ells necessiten aprendre a fer-ho millor

APRENDRE: Aprendré d'això per no tornar-me a equivocar

AVALUAR: Definir en què es pot utilitzar alguna cosa o la capacitat d'algú

ERROR: Jo vaig cometre errors amb els quals els altres van prendre mal

COMPARTIR: Aprendre a fer acords

LLIBERTAT: Ser lliure d'assumir el resultat de les meves decisions

IGNORANTS: Persones que no tenen prou informació i cometen errors malgrat la seva bona intenció

VERITAT: Tot el que succeeix és necessari per aprendre a estimar

OBSTACLE A SUPERAR: Oportunitat d'aprenentatge

ESTIMAR: Acceptar l'experiència de l'altre i ser feliç amb la seva felicitat

Epíleg

Saviesa i societat

"Una suma de zeros, mai donarà u"

– Daniel Gabarró i Nieves Machín –

Tot canvi col·lectiu implica un canvi individual previ i, aquest canvi individual, només es pot donar de manera personal. **És impossible tenir una societat sàvia agrupant un conjunt de persones amb poca saviesa.** De la mateixa manera, és inevitable tenir una societat evolucionada quan els seus components són persones sàvies. No es pot obtenir un resultat elevat amb un conjunt de sumands iguals a zero. **El col·lectiu és el resultat de la suma de l'individual.**

En aquest sentit, ens agradaria suggerir que les organitzacions, les empreses i l'administració pública es poden beneficiar enormement si els seus components són persones amb elevats nivells de saviesa. Al seu torn, la societat es pot veure molt perjudicada si el nivell de consciència dels seus components és poc elevat. Per això, ens hauríem de plantejar, **com una potestat fonamental de les diverses organitzacions, empreses i administracions, potenciar el creixement personal dels seus components.** Això repercutiria en el seu propi benefici.

Durant segles, hem cregut en un error. Hem pensat que el nivell de consciència individual, que neix a partir de l'autoconeixement propi, era una responsabilitat individual de cada persona i que no podíem incorporar aquest tema a l'agenda pública.

Encara que, en últim terme és cert, ja que ningú no pot aprendre per un altre i, per tant, ningú pot obligar a un altre a incrementar el seu nivell de consciència ni la seva saviesa, no hem tingut present que, tanmateix, **sí que podem facilitar espais perquè aquest creixement interior sigui més assequible**, és a dir, sigui potenciat de manera conscient.

Si, per exemple, una institució com una empresa, una universitat o un ajuntament volguessin potenciar el creixement personal dels seus membres, potenciar-ne la saviesa, destinarien recursos i els facilitarien l'accés a la informació que, en cas de verificar-la, els transformaria. No es pot assegurar al cent per cent l'èxit d'aquesta iniciativa, ja que dependrà de si els individus concrets aprofiten o no aquesta oportunitat, però, segurament, es pot facilitar l'evolució social de manera molt més ràpida si un nombre suficient decideix aprofitar-la.

Aquesta reflexió, que situem al final, vol **trencar una altra creença social errònia: que la consciència és un àmbit únicament privat i que no es pot incloure en l'agenda política o pública de les administracions**.

L'actitud de saviesa és comprendre que **la consciència també es pot incorporar a l'agenda política del país**, igual que es va incorporar el treball per la igualtat entre dones i homes, o l'abolició de l'esclavitud en un cert moment de la història.

Tant de bo, també, aquesta informació resulti útil en aquest sentit.

GLOSSARI DE TERMES

Aquí teniu algunes paraules clau que surten en el llibre i que fem servir amb un significat diferent a l'habitual. Per aquest motiu, proposem una definició aproximada per evitar malentesos.

ACCEPTAR: no exercir resistència a alguna cosa, sinó acollir-la en el nostre interior, ja que es comprèn el seu sentit, la seva raó de ser. L'acceptació produeix pau i felicitat.

ACORD: compromís explícit que estem disposats a respectar voluntàriament en una relació o situació determinada. Pot ser renegociat, però mai no es veu com una obligació.

AMOR: comprensió total de l'Univers, on no hi tenen cabuda ni la resistència ni la por. És capacitat de servei i compromís cap una mateixa i cap a un mateix, i cap als altres. No es tracta d'un sentiment, sinó d'una decisió. L'amor allibera del patiment. És l'essència de l'ésser, el propòsit de la vida. No té polaritat i no s'ha de confondre amb sentiments d'atracció, de simpatia, etc.

AJUDAR: fer alguna cosa per una altra persona que no pot fer per si mateixa i que li correspondria de fer.

AUTOVALORACIÓ: ser feliç per un mateix i una mateixa, ja que es valora el que es té i s'expressa amb consciència en considerar-ho valuós. Sinònim d'autoestima.

BO O SENSIBLE: persona a la qual li importen molt les altres persones i es relaciona amb elles des dels sentiments en lloc de fer-ho des de l'amor. Anomenem bondat als encerts de la ignorància.

CÀSTIG: venjança que creiem justificada per una acció prèvia que jutgem equivocada. No és educatiu. Genera mentida, evasió i violència. No s'aprèn res amb el càstig.

COMPRENSIÓ: capacitat d'entendre la funció que compleix en el món cada persona, cosa, animal o situació. La comprensió condueix a l'acceptació i aquesta, a l'amor. No podem estimar el que no comprenem.

CREENCES LIMITANTS: idees que, sense ser reals, donem per certes. Quan les contrastem amb la realitat ens fan patir, fet que ens demostra la seva inexactitud.

DESTÍ: el que encara no dominem i hauríem d'aprendre al llarg de la nostra vida. Sinònim de karma.

DOLENT O INSENSIBLE: persona a la qual no li importen els altres, té una incapacitat per posar-se en el lloc de l'altre. Anomenem maldat als errors de la ignorància, de manera que el dolent és un ignorant sense sentiments. Però com que el mal no existeix, el dolent tampoc no existeix: és una persona que no en sap prou i que, a més, encara no té empatia.

EGOISME: pressionar altres persones perquè facin el que un o una no vol fer.

EMOCIONS: alteració de l'ànim d'origen biològic. Les emocions no són mentals, sinó instintives: atracció, por, son, gana... Si jutgem les emocions apareixen els sentiments, que sí que són d'origen mental.

ESTIMAR: buscar el millor per a un mateix i una mateixa, i per als altres; expressar la pau i l'harmonia amb llibertat total. Acceptar plenament la realitat després de comprendre-la en profunditat buscant-ne la plena expressió.

FALS: oposat a la veritat. Una cosa és falsa quan en aplicar-la no s'aconsegueixen els resultats que s'assegurava que es produirien.

FELICITAT: pau interior que té el seu origen en la comprensió. No s'ha de confondre amb els sentiments agradables d'alegria, eufòria, etc., ja que els sentiments són variables, però la felicitat nascuda de la comprensió és estable.

FUNCIÓ: el paper que portem a terme a la vida i que ens permet mantenir-nos.

FER-SE CORRESPONENT: cada nivell de consciència o de saviesa està vinculat a unes experiències determinades i no a unes altres. En funció del nivell de saviesa, per tant, ens fem corresponents amb unes experiències o unes altres.

IGNORÀNCIA: situació en què la persona creu que sap. Es comprova que és ignorància perquè els resultats que s'obtenen no són els esperats.

INTENCIÓ: la raó per la qual una persona fa alguna cosa. No hi ha mala intenció, només la ignorància i la falta d'informació.

JUST O DES-SENSIBILITZAT: persona a la qual li importen els altres però no pateix per ells, ja que sap que ho fan tan bé com poden. A més, sap que el seu patiment no és útil i ha après a no relacionar-se des dels sentiments sinó des de l'amor. És la persona que actua des de la saviesa, des de l'amor: ensenya a pescar, però no entrega el peix. Ensenya amb l'exemple.

KARMA: allò que encara no dominem i hem de viure com a dificultats i aprendre-ho al llarg de la nostra vida. No té res a veure amb càstig, sinó amb aprenentatge. Sinònim de destí.

LA REALITAT: la totalitat del que existeix, al marge del que percebem o no.

LA TEVA REALITAT: aquella porció de la realitat sobre la que sí que hi pots influir.

LLIBERTAT: capacitat interior de prendre les nostres pròpies decisions i assumir-ne els resultats; estat intern en què no depenem del que succeeix a l'exterior per ser feliços.

MISSIÓ: tot allò que podem ensenyar, allò que ens resulta fàcil, el que constitueix la nostra vocació. Ens agrada fer-ho i quan ho fem la nostra energia s'incrementa.

OPINIÓ: el que penso sobre alguna cosa, al marge del que s'ajusti o no a la veritat.

PATIMENT: el patiment és mental i està basat en la no acceptació d'alguna cosa o situació que ja ha succeït a les nostres vides. En canvi, el dolor és físic. Es pot tenir dolor sense patiment i patiment sense dolor.

POBRE/A: persona amb escàs desenvolupament espiritual i moltes limitacions mentals, que es passa la vida volent el que no té. Persona que es nega a servir, però que està sempre oberta a demanar. En aquest context, aquest terme no té a veure amb la quantitat de diners que es tinguin.

PROBLEMES: situacions que encara no sabem gestionar amb saviesa. Els problemes no tenen existència *per se*, ja que el que és problemàtic per a una persona és fàcil per a una altra. Tenen relació amb el nivell de saviesa que es té: a menys saviesa, més problemes vitals i a l'inrevés. Els problemes són, per tant, part del destí o karma, i serveixen per aprendre, són útils.

REPROGRAMACIÓ MENTAL: consisteix a repetir frases de saviesa de manera conscients i constant, utilitzant la visió, l'oïda -escoltant-se un mateix- i també el pensament. La reprogramació desconnecta la por i els comportaments erronis apresos, augmenta l'autoestima i provoca molts resultats satisfactoris, sempre que el que es repeteixi contingui una afirmació certa.

RESIGNACIÓ: ho confonem amb acceptació, encara que en realitat no estem acceptant, sinó que ens conformem amb alguna cosa o situació en sentir-nos incapaços de canviar-la. La resignació deixa malestar interior més o menys intens. La resignació neix perquè no es comprèn que el procés que es viu és perfecte. Una persona no porta a terme el seu desenvolupament espiritual si només té resignació.

RIC/A: persona que té tot el que necessita per ser feliç, independentment dels diners de què disposi. En aquest context, aquest terme no té res a veure amb la quantitat de propietats o de diners que es tinguin.

SAVIESA: resultat d'aprendre dels errors i d'haver adquirit una profunda comprensió d'amor. Coneixements que, aplicats, donen el resultat esperat sense cap excepció.

SENTIMENT: estat d'ànim, eina que ens permet coneixe'ns a nosaltres mateixos/es. Els sentiments neixen quan jutgem la realitat i el seu origen és mental.

VALOR: és tot allò que, en utilitzar-ho, genera resultats d'agraïment i de satisfacció. Si els resultats són negatius és perquè no estem utilitzant valors, sinó conceptes o creences.

VERITAT: l'essència mateixa i el significat profund de les coses, el seu sentit en l'Univers. En ser compresa, dóna pau.

VERIFICAR: comprovar la veritat d'alguna cosa de manera tan fefaent que canviïn les nostres creences internes.

Observació final

Aquest llibre és breu i té molta informació condensada. Sovint, quan el rellegim, comprendrem coses que ens havien passat desapercebudes anteriorment. Per això, us animem a tornar-lo a llegir de tant en tant.

Per treure més profit del llibre, també podeu fer un curs en línia al qual està vinculat.

Més informació a ***danielgabarro.cat***

Made in the USA
Monee, IL
21 October 2026

66035965R10105